KLARTEXT

Bildnachweis:
Arthur Loibl, Deutscher Titanic-Verein von 1997 e. V.: S. 25, 62; picture alliance/Everett Collection/©20thCentFox/Courtesy Everett Collection: S. 106, 109 re.; /Mary Evans Picture Library S. 26; /PictureLux/The Hollywood Archive/R4820: S. 109 li.; /ZUMAPRESS.com/OceanGate: S. 63, 105; /United Archives/91050/United_Archives/TopFoto: S. 87; United Archives/Archiv Carl Simo: S. 24; /dpa/Li_Samuelson: S. 113; /dpa/Matt_Campbell: S. 67; /dpa: S. 112; Alle übrigen Abbildungen: Malte Fiebing-Petersen, Deutscher Titanic-Verein von 1997 e. V.

Dieses Buch entstand mithilfe des Materials aus den Archiven des Deutschen Titanic-Vereins von 1997 e. V. (www.titanicverein.de)

DEUTSCHER TITANIC-VEREIN VON 1997 E.V.

Bibliografische Information der Deutschen Nationalbibliothek
Die Deutsche Nationalbibliothek verzeichnet diese Publikation in der Deutschen Nationalbibliografie; detaillierte bibliografische Daten sind im Internet über portal.dnb.de abrufbar.

Impressum
3. Auflage Februar 2025
Layout und Satz: Joachim Bartels
Lektorat: Kerstin Goldbach
Umschlaggestaltung: Guido Klütsch, Köln
Umschlagabbildungen: picture alliance/United Archives/Impress (DiCaprio, Winslet), /ullstein bild | Haeckel Archiv (Kapitän E.J. Smith), /The Print Collector/Heritage Images (Titanic), /United Archives/Archiv Carl Simon (Eisberg), Malte Fiebing-Petersen, Deutscher Titanic-Verein von 1997 e. V. (Fernglas)
Autorenfoto Umschlagklappe: picture alliance/dpa/Axel Heimken
Druck und Bindung: MultiPrint Ltd., 10A Slavyanska str., 2230 Kostinbrod, Bulgaria

ISBN 978-3-8375-2592-2

KLARTEXT

Jakob Funke Medien Beteiligungs GmbH & Co. KG
Jakob-Funke-Platz 1, 45127 Essen
info.klartext@funkemedien.de
www.klartext-verlag.de

Malte Fiebing-Petersen

Titanic

Populäre Irrtümer und andere Wahrheiten

Inhalt

Zum Geleit

Noch ein Titanic-Buch? Ja – unbedingt! Ich beschäftige mich nun seit über 30 Jahren mit dem Thema und auch ich lerne immer wieder Neues oder muss lang Geglaubtes durch sprichwörtlich neu aufgetauchte Fakten revidieren. Erstaunlicherweise stoße ich immer wieder auf die gleichen Irrtümer und Behauptungen, denen ich mit diesem Buch „schwarz auf weiß“ entgegentreten möchte. Oft schreiben Autoren voneinander ab, übernehmen Fakten ungefragt und haben so ihren Anteil an der Verbreitung von Unwahrheiten.

Das Thema „Titanic“ ist ein äußerst dankbares und zugleich völlig undankbares Thema. Jeder weiß etwas dazu – oder glaubt es zumindest. Und jeder kennt das Ende der Geschichte. Jeder hat schon mal unglaubliche Details über das Schiffsunglück gehört, in irgendeiner Dokumentation aufgeschnappt oder in einem der zahlreichen Verfilmungen gesehen.

Den Namen *Titanic* kennen heute wirklich alle. Und es entstehen sofort Bilder im Kopf, wenn man diesen Schiffsnamen hört. Aber warum ist das so? Die *Titanic* war nicht das größte Schiff aller Zeiten, das jemals sank. Es hat auch nicht die meisten Todesopfer gefordert. Vielleicht liegt es daran, dass man die Geschichte der *Titanic* als eine „perfekte Katastrophe“ bezeichnen könnte. Ein nagelneues Schiff, das als unsinkbar gepriesen wird und als das luxuriöseste Verkehrsmittel der Welt gilt, sinkt nach einem Zusammenstoß mit etwas so Profanem wie einem Eisberg. Und die Menschen an Bord können sich ihren Platz in der Geschichte sichern – vom ehrenhaften Musiker, der bis zur letzten Minute seiner Pflicht nachgeht, bis zum feigen Reeder, der sich retten lässt. Kein Regisseur könnte sich eine dramatischere Geschichte ausdenken – und musste er auch gar nicht.

Obwohl jeder wusste, wie er ausgeht, strömten ab Ende Dezember 1997 Hunderte Millionen Zuschauer weltweit in James Camerons Titanic-Film. Dieser Film, übrigens der elfte zu diesem Thema, hat somit zu diesem modernen Mythos beigetragen.

Der Untergang der *Titanic* leitete in vielen Bereichen einen Wandel ein – sei es der blinde Technikglaube, der nachhaltig erschüttert wurde, oder sei es ein gesellschaftspolitischer Umbruch. Die in drei Klassen aufgeteilten Passagiere der *Titanic* sind wie ein Spiegelbild ihrer Zeit zu sehen – und diese war, kurz vor dem Ersten Weltkrieg, sprichwörtlich ihrem Untergang geweiht. Vor allem aber im Bereich der Schiffssicherheit markiert ihr Sinken einen Wendepunkt. Die Menschen zogen daraus ihre Lehren, von denen wir bis heute profitieren.

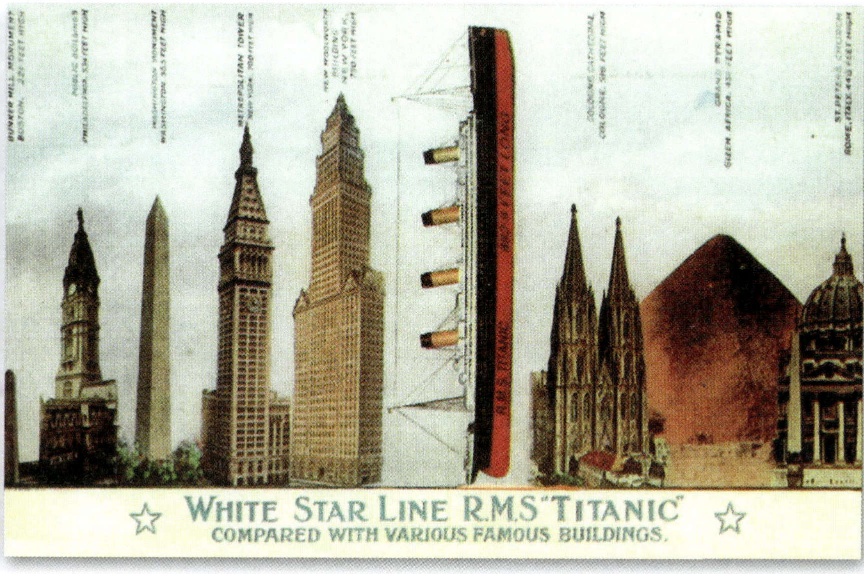

Um die gewaltige Größe der *Titanic* zu demonstrieren, vergleicht diese zeitgenössische Werbepostkarte die Länge des Schiffs mit der Höhe bekannter Gebäude der Zeit, unter anderen dem Kölner Dom.

Steckbrief

Name: S.S. (Steam Ship) & R.M.S. (Royal Mail Ship) *Titanic*
Länge: 269 Meter
Breite: 28 Meter
Höhe (Kiel bis Brücke): 32 Meter
Höhe (Kiel bis Schornsteinspitze): 53 Meter
Vermessung: 46.328 Bruttoregistertonnen
Anzahl Decks: 10
Antrieb: Dampf mit Kohlefeuerung – zwei Dreifach-Expansionsdampfmaschinen und eine Niederdruck-Abdampfturbine
Eigentümer: White Star Line, Liverpool (Die White Star Line gehörte seit 1902 mit anderen Reedereien zum US-Konzern International Mercantile Marine)
Bauwerft: Harland & Wolff Ltd., Queen's Island, Belfast, Nordirland
Baunummer: 401
Heimathafen: Liverpool
Schwesterschiffe: *Olympic* (1911) und *Britannic* (1914)
Wichtigste Besatzungsmitglieder: Edward John Smith (Kapitän), Joseph Bell (Chefingenieur), William McMaster Murdoch (Erster Offizier), Charles Herbert Lightoller* (Zweiter Offizier), Harold Bride* und Jack Philipps (Funker), Frederick Fleet* (Ausguck), Robert Hichens* (Rudergänger), Frederick Barrett* (Heizer), Wallace Hartley (Bordmusiker)
Prominente Passagiere: John Jacob Astor (Hotelerbe), Margret „Molly" Tobin Brown* (Frauenrechtlerin), Archibald Butt (Militärberater des US-Präsidenten), Helen Churchill Candee (Schriftstellerin), Lucy und Cosmo Duff-Gordon* (Modedesignerin und Sportfechter), Benjamin Guggenheim (Industrieller), Ida und Isidor Straus (Miteigentümer des New Yorker Kaufhauses „Macy's")

* Überlebende des Schiffsuntergangs am 15. April 1912

Die Schicksalsnacht

In der Nacht zum 15. April 1912 ereignete sich eine der größten Katastrophen der Seefahrt, als die *Titanic* um 23.40 Uhr mit einem Eisberg kollidierte. 1496 Menschen verloren ihr Leben. Eine Chronologie der Ereignisse:

15. April 1912

0.15 Uhr: Die *Titanic* funkt ihren ersten Notruf.

0.35 Uhr: Als eines der ersten Schiffe reagiert die *Carpathia* auf den Notruf der *Titanic*.

0.40 Uhr: Rettungsboot 7 wird als erstes der 20 Rettungsboote gefiert.

Circa 1 Uhr: Erste Nachrichten vom Unfall der *Titanic* auf hoher See treffen per Funk in Montreal und New York ein.

2.12 Uhr: Die *Virginian*, die wie die *Carpathia* auf dem Weg zur havarierten *Titanic* ist, empfängt den letzten Notruf der *Titanic*.

2.20 Uhr: Das Heck der *Titanic*, das sich zum Schluss senkrecht aufgestellt hat, versinkt im Atlantik. 18 Rettungsboote waren ordnungsgemäß gefiert worden, zwei Faltboote treiben im Wasser und werden von Schiffbrüchigen als Flöße genutzt.

4.10 Uhr: Rettungsboot 2 erreicht die *Carpathia* zuerst.

8.30 Uhr: Als letzter Überlebender geht der Zweite Offizier der *Titanic*, Charles Herbert Lightoller, an Bord der *Carpathia*.

8.50 Uhr: Die *Carpathia* verlässt die Stelle, an der sie die Rettungsboote aufgenommen hat. An Bord sind 712 Überlebende. Damit werden 1496 Menschen vermisst. Kapitän Arthur Rostron von der *Carpathia* entscheidet sich, nach New York zurückzukehren und die Überlebenden dort anzulanden.

Zahlen & Fakten

Der maximale **Tiefgang** der *Titanic* betrug **10,52 Meter**, dabei verdrängte sie **53.150 Tonnen Wasser**.

Mit einem **Kohleverbrauch** von circa **650 Tonnen pro Tag** erreichte die *Titanic* eine Maschinenleistung von **33.800 Kilowattstunden**, das sind circa **46.000 PS**.

Die **Reisegeschwindigkeit** betrug rund **21 Knoten**, das entspricht circa **39 Stundenkilometern**, die Höchstgeschwindigkeit lag bei rund **24 Knoten**, das sind circa **44,5 Stundenkilometer**.

Bis zu **944 Besatzungsmitglieder** konnte die *Titanic* aufnehmen, davon waren **899** an Bord während der Jungfernfahrt. Die maximale **Gesamtkapazität** betrug **3547 Personen**, davon waren während der Unglücksfahrt **2208** an Bord.

Die **erste Klasse** kann bis zu **905**, die **zweite Klasse** bis zu **564** und die **dritte Klasse 1134 Personen** aufnehmen. Während der Jungfernfahrt waren **324 Personen** in der ersten Klasse und **277 Personen** in der zweiten Klasse untergebracht. **708 Menschen** waren Passagiere der dritten Klasse.

Zur Sicherheitsausrüstung zählten **14 Rettungsboote** mit je **65 Plätzen**, **2 Notfallboote** mit je **40 Plätzen** sowie **4 Faltboote** mit je **47 Plätzen**. Insgesamt verfügte die *Titanic* über 20 Rettungsboote, die **1178 Personen** aufnehmen konnten.

Zu den **Überlebenden** des Schiffsunglücks am 15. April 1912 zählten insgesamt **712 Menschen**, davon **500 Passagiere** und **212 Besatzungsmitglieder**. Insgesamt waren **1496 Tote** zu beklagen, davon entfielen auf die **Passagiere 809** Personen. **687 Besatzungsmitglieder** verloren ihr Leben.

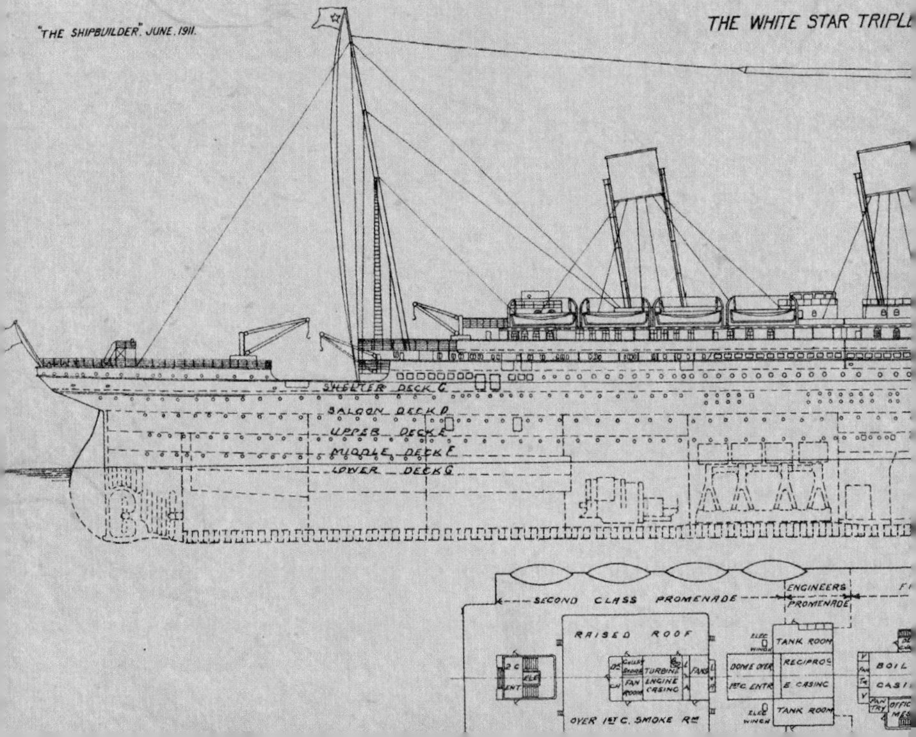

Im Sommer 1907

Wie könnte es auch anders sein: Schon um die Planungen der *Titanic* und ihrer älteren Schwester *Olympic* rankt sich eine Legende. So sollen die Pläne zum Bau der beiden Schiffe erst im Sommer 1907 entwickelt worden sein. Viel zu spät, bei einem Projekt dieser Größe.

Bruce Ismay, Präsident der International Mercantile Marine und Direktor der White Star Line, war auf Einladung von Lord Pirrie, dem Vorstandsvorsitzenden der Werft Harland & Wolff, zu Gast im Londoner „Downshire House“. Im Anschluss an das Abendessen sollen sich die Männer zurückgezogen und erste Skizzen von einem neuen Schiffstyp erstellt haben, aus der die *Olympic* und *Titanic* entstanden.

Dieser Zeitpunkt ist jedoch völlig unrealistisch. Und einiges spricht dagegen: Bereits 1904 begann der knapp siebenjährige Bau des gigantischen Thompson-Trockendocks auf dem Werftgelände, die Planungen begannen ein Jahr zuvor. Dieses Dock ist nur wenige Zentimeter länger als die *Olympic* und *Titanic*. Wozu sollte man ein Dock dieser Größe bauen, wenn man kein Schiff in Aussicht hat, für das man es benötigen würde? Und: Nach der Fertigstellung der *Adriatic* Mitte September 1906 wurden die kleineren Hellinge abgerissen, um Platz für zwei große 1000-Fuß-Hellinge zu schaffen, in denen später die beiden Schwesterschiffe entstehen sollten. Ohne den konkreten Auftrag zum Bau für diese Riesenschiffe, hätte die Werft diese Investition nicht gewagt. In die Bestellbücher wurden die Schiffe mit den Baunummern 400 und 401 übrigens am 30. April 1907 eingetragen – auch dies liegt klar vor dem Legendendatum „Sommer 1907“.

Ende des Jahres 1907 kamen mit der *Lusitania* und *Mauretania* die beiden Schnelldampfer der Cunard Line in Fahrt – eine ernstzunehmende Konkurrenz für die White Star Line. Es scheint unrealistisch, dass man in aller Ruhe beim Bau der Konkurrenz zuschaute, der obendrein durch großzügige Subventionen der britischen Regierung finanziert wurde. Das Engagement der britischen Regierung beim White-Star-Konkurrenten Cunard wird immer wieder mit der faktischen Übernahme der White Star Line durch die amerikanische International Mercantile Marine erklärt, hinter der Unternehmer und Bankier J.P. Morgan steckte. Auch wenn die Schiffe der „Olympic-Klasse", anders als oft behauptet, nicht mit amerikanischem Geld gebaut wurden, so ist es dennoch schwer vorstellbar, dass ein Mann wie Morgan nicht an der Idee beteiligt war, neue Riesendampfer zu bauen. Immerhin war er seit 1902 der eigentliche Besitzer der White Star Line – mit dem Plan, mit seinen Reedereien die Vorherrschaft auf dem Nordatlantik zu erlangen.

Der Legendenzeitraum „Sommer 1907" taucht 1961 erstmals im Buch „The Ismay Line" auf, alle anderen Autoren haben ihn, manchmal leicht abgeändert, in den Jahren und Jahrzehnten danach offensichtlich ungeprüft übernommen. William J. Oldham, Autor des Buches, hatte bei seinen Recherchen auch mit Julia Florence Ismay zusammengearbeitet, der Witwe von Bruce Ismay. In ihren Schilderungen war sie bei dem Treffen im Sommer 1907 dabei. Möglicherweise hat sie sich schlichtweg im Jahr geirrt oder einfach davor nichts davon mitbekommen.

Blick auf das Thompson-Dock in Belfast, mit dessen Bau bereits 1904 begonnen wurde, von Deck der *Olympic* aus. Im Hintergrund die noch in Bau befindliche *Titanic*.

Ein Name sorgt für Verwirrung

Bis heute ist in vielen Publikation zu lesen, dass das geplante dritte Schiff der „Olympic-Klasse“ mit der Baunummer 433 bis zum Untergang der *Titanic* den Namen *Gigantic* erhalten sollte. Erst danach entschied man sich für eine Umbenennung. Fakt ist: Die jüngere Titanic-Schwester kam unter dem Namen *Britannic* in Fahrt, jedoch nicht als Passagierschiff, sondern im Ersten Weltkrieg als Hospitalschiff im Auftrag der britischen Marine.

Wurde der Name *Gigantic* jemals in Betracht gezogen? Als Quelle für diese Behauptung dienen Zeitungsberichte, die die Erinnerungen von C. C. Pounder, einem ehemaligen Harland & Wolff-Mitarbeiter, zitieren und das Auftragsbuch des Subunternehmers Hingley's, der für die Werft Anker und Ankerketten produzierte. Hier wurde im Februar 1912 handschriftlich der Name *Gigantic* eingetragen.
Nachweislich tauchte der Name *Gigantic* schon viel früher in Zeitungen auf – dreimal über einen Zeitraum von 18 Jahren von 1892 bis 1910 mit dem Verweis auf andere Schiffe der White Star Line. In den Jahren 1911/12 dann erneut in Zusammenhang mit dem dritten Linienschiff der „Olympic-Klasse“. Bekannt ist ein vermeintliches Werbeposter unbekannten Ursprungs, das ein Schiff mit der der „Olympic-Klasse“ ähnelnden Silhouette zeigt und mit großen roten Lettern mit dem Namen *Gigantic* titelt.
Es stellt sich auch die Frage, wie sinnig es gewesen wäre, das dritte Schiff einer Baureihe, das bei seiner Indienststellung nicht als das größte Schiff der Welt in Fahrt gekommen wäre, diesen Namen zu geben. Statt *Olympic* wäre dieser Name als erstes Schiff und Namensgeber der Baureihe vielleicht geeignet gewesen, dramaturgisch nicht aber für die Nummer 3.
Es gibt somit wenig stichhaltige Nachweise, die den Namen *Gigantic* als Schwesterschiff für die *Titanic* belegen. Zeitungsberichte, die sich auf Aussagen von Zeugen berufen, sind keine besonders zu-

Die *Britannic* sollte das Schiffstrio der Olympic-Klasse vervollständigen – aber nie unter dem Namen *Gigantic*.

verlässige Quelle. Auch der Eintrag ins Auftragsbuch von Hingley's ist nicht beweiskräftig. Es war die Regel, dass man statt des Schiffsnamens beim Bau lange die Baunummer verwendet hat. Der Mitarbeiter von Hingley's wird den Namen also vermutlich aus den besagten Zeitungen, aber nicht offiziell von der Werft erhalten haben.

Das Auftragsbuch der Werft wiederum, das bis heute gut erhalten in den Archiven des Public Record Office of Northern Ireland (PRONI) eingesehen werden kann, ist eine sehr zuverlässige Quelle. Hier wird seit Ende 1911 als Name für das Schiff mit der Baunummer 433 der Name *Britannic* geführt. Dies ist der unwiderlegbare Beweis, dass man sich nicht nach dem Untergang der *Titanic* dazu entschied, den Schiffsnamen von *Gigantic* auf *Britannic* zu ändern.

Vielleicht war tatsächlich im frühen Stadium der Planungen der Name *Gigantic* für die geplante dritte Schwester im Gespräch, bei der formellen Auftragserteilung, die vor dem Untergang der *Titanic* lag, spielte der Name nachweislich jedoch keine Rolle mehr.

Die Jagd nach dem Blauen Band

Eine der häufig gestellten Fragen rund um die *Titanic* lautet: Warum fuhr das Schiff in der Untergangsnacht so schnell? Die oft gegebene Antwort heißt: Sie versuchte, einen Geschwindigkeitsrekord zu brechen, gar das sogenannte Blaue Band zu gewinnen, eine imaginäre Auszeichnung für die schnellste Atlantiküberquerung.

Schnelligkeit galt damals wie heute als ein Kriterium für Fortschritt und technische Überlegenheit. Zur Zeit der *Titanic* war es fast ausschließlich ein Wettbewerb zwischen der Cunard und der White Star Line, andere Reedereien spielen bei der Rekordjagd eigentlich keine Rolle mehr. Mit den Planungen zum Bau der „Olympic-Klasse" entschied sich die White Star Line jedoch, aus dem Wettrennen auf dem Nordatlantik auszusteigen. Die technischen Möglichkeiten schienen begrenzt: Leistungsfähigere Dampfmaschinen erzeugten immer stärkere Vibrationen – nicht umsonst hatten deutsche Schnelldampfer in der amerikanischen Presse den Spitznamen „Cocktailshaker" bekommen. Zudem stieg der Verbrauch der Kohle, bei immer höher werdender Geschwindigkeit exponentiell an, was die Schiffe immer unwirtschaftlicher werden ließ. Statt der schnellsten Schiffe, plante die White Star Line, die größten und luxuriösesten Schiffe der Welt zu betreiben – sie versprachen einen Hotelaufenthalt auf See.

1909, drei Jahre vor der Jungfernfahrt der *Titanic*, hatte die *Mauretania* der konkurrierenden Cunard Line das Blaue Band mit über 26 Knoten Geschwindigkeit erobert. Sie war leichter und stärker motorisiert als die *Titanic* – und lief mehrere Knoten mehr. Erst 1929 konnte ihr die *Bremen* des Norddeutschen Lloyd die begehrte Trophäe wieder abjagen.

Sehr optimistisch geschätzt hätte die *Titanic* maximal an die 24 Knoten laufen können – bei idealen Bedingungen, unter Volldampf und nur für begrenzte Zeit. Diese Geschwindigkeit hat sie wohl aber nie erreicht. Bei ihren Probefahrten kam sie, nicht eingefahren und nicht unter Volllast, auf 21 Knoten als Spitzenwert. Die *Titanic* wurde auf der Jungfernfahrt jedoch täglich schneller, denn die Mannschaft war eingespielt und immer vertrauter mit den Maschinen. Über 26 Knoten konnte sie allerdings selbst bei idealen Bedingungen aus technischen Gründen nicht erreichen, womit das Blaue Band in ungreifbarer Ferne war.

Ist vielleicht ein interner Wettbewerb schuld an der hohen Geschwindigkeit in der Untergangsnacht? Wollte man schneller sein als die *Olympic* auf ihrer Jungfernfahrt? Bekanntlich war Joseph Bruce Ismay, Direktor der White Star Line, mit an Bord. Nahm er Einfluss auf die Besatzung, weil er früher in New York sein wollte? (→ „Dienstag statt Mittwoch“).

Zum Zeitpunkt der Kollision lief die *Titanic* um die 22 Knoten – bei der bekannten Gefahr im Dunkeln aus heutiger Sicht unverantwortlich. Wenn sie also auch nicht das schnellste Schiff der Welt war – in dieser Nacht fuhr sie definitiv mit zu hoher Geschwindigkeit.

Gerade in Deutschland ist die Mär vom Blauen Band noch weit verbreitet. Mit verantwortlich ist der erstmalig 1936 erschienene Roman „Titanic. Die Tragödie eines Ozeanriesen“ von Josef Pelz von Felinau. Bis in die 1950er Jahre erscheint es in verschiedenen Textfassungen. 1943 dient es als Vorlage eines propagandistischen Films der Nationalsozialisten – inklusive eines deutschen Offiziers, den es nie gegeben hat. Sowohl im Buch als auch im Film spielt die skrupellose Rekordjagd ums Blaue Band eine zentrale Rolle – und hat sich wohl auch dadurch bis heute in die (deutschen) Köpfe eingebrannt (→ „Propaganda voraus!“).

Mit „nur“ 650 Tonnen Kohle pro durchschnittlichem Reisetag war die *Titanic* im Verhältnis zu ihrer Größe und im Vergleich zur Konkurrenz relativ sparsam – aber auch deutlich langsamer.

AHA!

Minderwertiges Material beim Bau

Mit der Erforschung des Titanic-Wracks, das offiziell am 1. September 1985 von einem amerikanisch-französischen Forscherteam in knapp vier Kilometern Tiefe entdeckt wurde, begann schon Mitte der 1990er Jahre die Untersuchung des Stahls, der beim Bau der *Titanic* verwendet wurde. Amerikanische Forscher vom „National Institute of Standards and Technology" veröffentlichten ein Gutachten, laut dem minderwertiger Stahl schuld an der Katastrophe gewesen sein könnte.

Schlechter Stahl, der bei kalten Temperaturen spröde geworden sein soll, und falsche Nieten, die sich leicht lösten, seien der Grund für den Untergang der *Titanic*. Die Wissenschaftler hatten vom Meeresgrund geborgene stählerne Nieten des gesunkenen Schiffes auf ihre metallurgischen und mechanischen Eigenschaften untersucht. Das Ergebnis: Der verwendete Stahl enthielt einen sehr hohen Anteil an Schlacke. Laut Gutachten wurde er daher in dem eisigen Wasser brüchig und ließ so möglicherweise die Kollision der *Titanic* mit einem Eisberg zur Katastrophe werden. Nach Auftauchen dieser Theorie reagierte Harland & Wolff prompt: Die neuen Erkenntnisse seien zutiefst fehlerhaft.

Was ist also dran an der Schlussfolgerung des Gutachtens?

Für den Bau der *Titanic* benötigte man rund drei Millionen Nieten. Die Gutachter wollen herausgefunden haben, dass es zur Bauzeit der *Titanic* Lieferengpässe gegeben hat. Diese Engpässe sollen dafür gesorgt haben, dass sich die Werft auch von kleineren Schmieden beliefern ließ, die eine minderwertigere Stahlqualität verwendeten, als es auf der Werft Standard war.

48 Nieten vom Wrack der *Titanic* wurden untersucht und mit modernen Computersimulationen ausgewertet. Es wurde auch Stahl der Außenhaut der *Titanic* mit dem von anderen Schiffen

1998 gelang die Bergung eines Rumpfstückes vom Wrack der *Titanic*, das ausgiebig auf Materialfehler untersucht wurde. Das Foto zeigt das sogenannte „Little Big Piece" in Orlando (Florida, USA).

aus derselben Zeit verglichen. Bei vielen dieser Nieten haben die Forscher nach eigenen Angaben hohe Konzentrationen von Asche gefunden, die Nieten brüchig machen kann. Die Herstellung guter Nieten ist extrem anspruchsvoll. Mittelmäßige Arbeit kann Qualitätsprobleme nach sich ziehen.

Beim Bau der *Titanic* wurden verschiedene Nieten verwendet. Stahlnieten nur an den Stellen des Rumpfes, an denen die größten Belastungen erwartet wurden. An Heck und Bug, wo der Eisberg das Schiff traf, kamen hingegen Eisennieten zum Einsatz. Harland & Wolff ließ die meisten Nieten noch per Hand einhämmern, denn nur Stahlnieten konnten schon maschinell mithilfe hydraulischer Nietmaschinen eingesetzt werden.

Qualität hin, Qualität her: Fakt ist, dass die Nieten beim Unglück eine entscheidende Rolle spielten. Der Zusammenstoß des Schiffes mit einem Eisberg hatte zur Folge, dass die Stahlplatten an der Kollisionsstelle nach innen verbogen beziehungsweise eingedrückt wurden, was eine starke Belastung an den Nieten verursachte, die dadurch teilweise abbrachen. Andere Nieten verloren beim Entlangschrammen des Eisberges am Rumpf ihre Köpfe, weil sich die vormals wasserdichten Überlappungen der Stahlplatten leicht auseinanderschoben. Für solche Belastungen waren die Nieten nicht ausgelegt. Der Eisberg hatte den Schiffsbauch an so vielen Stellen beschädigt, dass in weiten Bereichen Wasser eindringen konnte. Da zu viele Kammern von diesen Beschädigungen betroffen waren, war das Schicksal der *Titanic* besiegelt.

Für Metallurgen ist die Entdeckung der Asche in den Titanic-Nieten lediglich ein Indiz, aber kein Beweis dafür, dass die Beschädigungen des Rumpfes mit fehlerhaften Nieten in Verbindung stehen.

Ein Sprecher der Werft bekräftigte, dass mit dem Material alles in Ordnung war beziehungsweise es den Standards der Bauzeit entsprach. Er verwies auf das Schwesterschiff *Olympic*, das – aus demselben Material gebaut – bis 1935 lang fuhr, ehe es außer Dienst gestellt wurde. Spektakulär brach die *Olympic* mitten in

Rund drei Millionen Nieten wurden beim Bau der *Titanic* verwendet und größtenteils per Hand eingeschlagen.

den Wirren des Ersten Weltkrieges ein nicht mehr rechtzeitig abgetauchtes deutsches U-Boot in zwei Teile, indem sie dieses rammte und darüber hinwegfuhr.

Ein Vergleich der Stahlqualität aus Titanic-Zeiten mit heutigen Standards ist zudem unsinnig. Stahlherstellung ist eine äußerst komplexe und hochkomplizierte Angelegenheit und bis heute wird daran getüftelt, die Qualität je nach Einsatzort noch weiter zu optimieren. Kurzum: Der Stahl, der beim Bau der *Titanic* verwendet wurde, hatte eine schlechtere Qualität – verglichen mit den Standards unserer heutigen Zeit.

Der Werft scheint also kein Vorwurf gemacht werden zu können. Zudem waren für gewisse Regelungen weder Werft noch Konstrukteure, sondern das Handelsministerium zuständig, so auch für die Dicke der Stahl-Außenhaut bei Passagierschiffen. Damit ist auch die Theorie, die Außenhaut der *Titanic* sei zu dünn gewesen, aus der Luft gegriffen. Sie entsprach dem damaligen Standard.

Tonnage vor Personenzahl

Zu den wohl strittigsten Fakten der Titanic-Geschichte gehört die Tatsache, dass es an Bord für nicht einmal ein Drittel der maximal zugelassenen Personenzahl Platz in einem Rettungsboot gegeben hat – und das, obwohl die *Titanic* über mehr Rettungsboote verfügte, als es das damals gültige Gesetz gefordert hat.

Die Sicherheitsbestimmungen der damaligen Zeit berücksichtigten, dass die Wahrscheinlichkeit hoch ist, dass sich moderne Schiffe selbst in brenzligen Situationen, zum Beispiel bei einem Wassereinbruch, noch so lange über Wasser halten können, bis andere Schiffe in der Nähe die Menschen übernehmen konnten. Die Boote waren also in diesen Szenarien nur zum Übersetzen vom einen zum anderen Schiff gedacht. Für eine vollständige Evakuierung auf offener See, wie im Falle der sinkenden *Titanic*, war das „Konzept Rettungsboot" also gar nicht vorgesehen.

Die abschließenden Überprüfungen der nagelneuen *Titanic* durch Inspektoren des britischen Handelsministeriums wurden erst am Morgen des 10. April 1912 – dem Beginn der Jungfernfahrt – abgeschlossen. Der zuständige Mitarbeiter hatte seine Checkliste akribisch ausgefüllt und listete bei den Rettungsmitteln 3560 Schwimmwesten, 48 Rettungsringe, 14 Boote für insgesamt 910, zwei Boote für insgesamt 80 und vier Boote für insgesamt 188 Menschen auf. Laut Liste gab es also Kapazität für insgesamt 1178 Personen. Unter die Frage: „Ist das Schiff ausgestattet mit all den lebensrettenden Vorrichtungen, welche die Regeln vorsehen?" vermerkte er „Ja".

Die *Titanic* wurde vom gleichen Ministerium damit für den Passagierbetrieb zugelassen – für insgesamt 3547 Personen. Es durften also 2369 Menschen mehr an Bord kommen, als es Platz in den Booten gab. Und dabei hatte die White Star Line die Vorschriften sogar übererfüllt. Nach den geltenden Regeln hätte die *Titanic* sogar nur 960 Rettungsbootplätze haben müssen. Diese

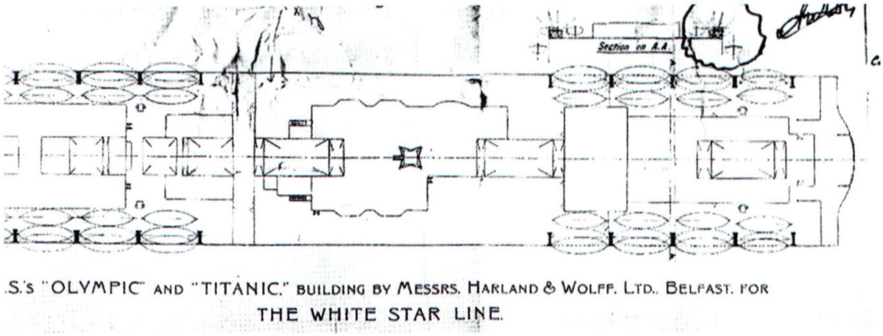

Dieser ältere Plan des Bootsdecks, der in den Werftarchiven erhalten blieb, zeigt das Deck der *Olympic* und *Titanic* noch mit 32 Rettungsbooten.

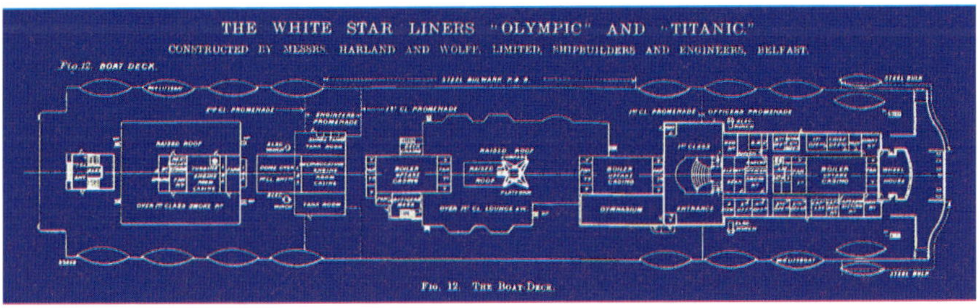

Plan des Bootsdecks mit nur 18 Rettungsbooten. So wurde die *Titanic* ausgeliefert.

Regeln waren zuletzt 1894 angepasst worden. Ein Blick in diese Vorschriften zeigt, dass Schiffe mit einer Tonnage von 10.000 Bruttoregistertonnen (BRT) oder mehr mindestens 16 Rettungsboote an Bord haben mussten. Die Anzahl der Boote war also nicht an die maximale Belegungszahl an Bord, sondern an die Größe des Schiffes gekoppelt. 1894 erschien das Erreichen der 10.000-BRT-Marke noch in utopischer Ferne. 18 Jahre später, im Jahr des Titanic-Unglücks, war die Vorschrift jedoch völlig veraltet – mit einer Vermessung von mehr als 46.000 BRT war die *Titanic* viereinhalb Mal größer als die maximale Tonnage, angepasst wurde sie aber nie. Mit 20 Booten hatte die *Titanic* also rechtlich gesehen nicht zu wenig, sondern vier Boote mehr als nötig an Bord. Als Konsequenz aus den Untersuchungsergebnissen der Katastrophe wurden die Regeln endlich angepasst – zu spät für die rund 1500 Opfer.

Auch wenn diese künstlerische Darstellung des Abfierens der Rettungsboote bei der Höhe der Bordwand übertreibt, demonstriert sie anschaulich die angsteinflößende Szenerie.

Interessanterweise gibt es bis heute Bauzeichnungen aus der Planungszeit, die auf dem Bootsdeck statt der jeweils vier einreihig stehenden Boote jeweils drei Reihen von Booten vorsah. Damit wäre die *Titanic* auf 32 Rettungsboote gekommen. Die in Schweden von der Welin-Werft bestellten Davits (Kräne für das Abfieren der Rettungsboote) waren hierfür auch ausgelegt. Damit hätten bis zu 64 Boote eingerüstet werden können, ohne dass das Bootsdeck von vorne bis achtern „vollgestellt" hätte werden müssen. Diese Möglichkeiten wurden aber später nicht genutzt. Während der Bauzeit war eine Änderung der Vorschriften für die Ausrüstung mit Rettungsbooten im Gespräch. Da es aber nicht zur Novellierung der veralteten Gesetze kam und sich die Menge der mitgeführten Boote weiterhin an der Bruttotonnage orientierte, wurde die mögliche Anzahl der Boote dann auf die bekannte Menge von 20 reduziert.

Über den Grund des Zusammenstreichens wurde schon viel spekuliert. Zu schön passt es zu den Legenden der Titanic-Geschichte, dass sich der White-Star-Line-Reeder Bruce Ismay höchst persönlich dafür eingesetzt hat, die unnützen und platzverschwenderischen Boote auf ein Minimum zu reduzieren. Viel lieber habe er den Platz als Spazierdeck für seine Passagiere nutzen wollen. Stichhaltige Nachweise für diese Involvierung Ismays gibt es nicht – losgeworden ist er diese Geschichte jedoch nie (→ „Der Reeder").

Am Wrack der *Titanic*: Davit Nummer 1 auf der Steuerbordseite verblieb in einer aufrechten Position, als die Crew in einer letzten verzweifelten Aktion versuchte, das Faltboot „A" zu Wasser zu lassen.

Roman prophezeit Unglück

Ein angeblich unsinkbarer Luxusdampfer geht unter, nachdem er in einer kalten Aprilnacht im Nordatlantik mit einem Eisberg zusammengestoßen ist. Dem Eisberg konnte nicht mehr rechtzeitig ausgewichen werden, weil das Schiff mit über 20 Knoten viel zu schnell unterwegs war. Es ist das größte Schiff der Welt, hat aber nur das gesetzlich vorgeschriebene Minimum an Rettungsbooten an Bord. Das Schiff trägt den Namen *Titan*.

Diese Geschichte des bis dahin unbekannten New Yorker Autors Morgan Robertson erschien 1898 – 14 Jahre bevor die *Titanic* auf Jungfernfahrt ging unter dem Titel „Futility". Gerne werden die erstaunlichen Parallelen zwischen der *Titan* und der *Titanic* immer wieder hervorgehoben, die in der Tat ungeheuerlich scheinen. Die allermeisten Details der Fantasiegeschichte unterscheiden sich dann aber doch von dem, was sich über zehn Jahre nach dem Erscheinen zutrug. Nach dem Untergang der *Titanic* wurde Robertsons Geschichte quasi wiederentdeckt und neu aufgelegt – und im Gegensatz zu 1898 fand sie reißenden Absatz.

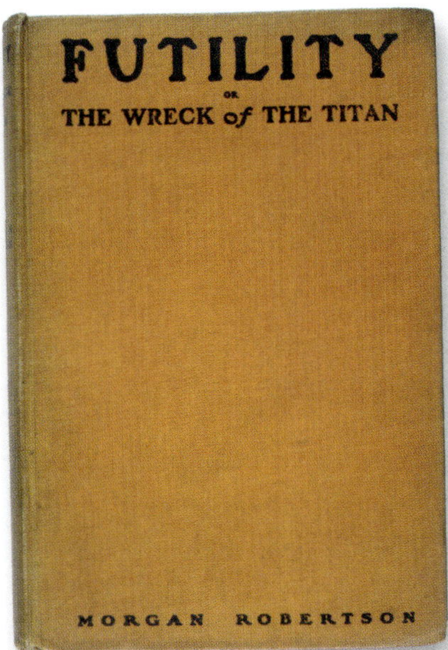

Der Roman „Futility" erschien erstmalig 1898 und nimmt viele Details der 14 Jahre später in Dienst gestellten *Titanic* vorweg.

Bis zum Untergang der *Titanic* waren es Doppelanzeigen wie diese aus „The Sun" vom 20. März 1912, die für die Fahrten der beiden Schwesterschiffe warben. Die hier beworbenen Abfahrten der *Titanic* sollten nie stattfinden.

Plötzlich Boote für alle

Einen Tag nach dem Untergang der *Titanic* in den eisigen Fluten des Nordatlantiks waren die Tageszeitungen dies- und jenseits des Atlantiks voll von Berichten und Meldungen über die bis dahin größte Schiffskatastrophe in der Geschichte. Das Unglück spiegelte sich auch in den Werbeanzeigen wider.

Ein fester Bestandteil der Tageszeitungen waren großformatige Werbeanzeigen. In amerikanischen Blättern gab es stets auch Anzeigen für Schiffspassagen. Vor allem diese wurden oft mehrmals in einer Ausgabe abgedruckt, denn auf der Rückfahrt der großen Dampfer nach Europa mussten die Reeder meist mit einer schlechten Auslastung ihrer Schiffe leben, da die lukrative Gruppe der Auswanderer diese Fahrtrichtung nur äußerst selten in Anspruch nahm.

Die Abendausgabe der „St. Louis Post-Dispatch" vom 16. April 1912 – nur einen Tag nach dem Untergang der *Titanic* erschienen – ist bemerkenswert, da man anhand der Werbeanzeigen der White Star Line die schnelle Redaktion der englischen Reederei auf den Untergang ihres Flaggschiffs ablesen kann. Im vorderen Teil der Zeitung ist eine Werbeanzeige der International Mercantile Marine (IMM), zu der die White Star Line gehörte, zu sehen, die groß mit der *Olympic* wirbt. Hierbei fällt auf, dass die IMM von den bislang üblichen „Doppel-Anzeigen", in denen für die *Olympic* und die *Titanic* geworben wurde, Abstand genommen hat. Es wäre ja auch sehr pietätlos gewesen, einen Tag nach dem Untergang der *Titanic* mit genau dieser zu werben. Die Daten der *Titanic* wurden also aus der Anzeige eliminiert.

Im hinteren Teil der gleichen Ausgabe der „St. Louis Post-Dispatch" befindet sich erneut eine Anzeige der IMM, die auf dem ersten Blick genau gleich aussieht wie die Werbung weiter vorne. Beim genauen Betrachten fällt jedoch auf, dass an der Standardanzeige nicht nur der Name *Titanic* entfernt wurde. Die Aufzählung „französisches À-la-carte-Restaurant, türkisches und elektrisches Bad, Swimmingpool, vier Aufzüge, Gymnastikraum, Veranda-Café, Palmengarten, Squashplatz" wich einem neuen Infokasten:

„Alle Dampfer der unten aufgelisteten Linien folgen dem neuen südlicheren Kurs in Ost- und Westrichtung, um das Zusammentreffen mit Eis zu vermeiden, und jeder Dampfer hat Platz in Booten und Rettungsflößen für jede Person an Bord, für die Passagiere und die Crew."

Die erste logische Konsequenz nach dem Titanic-Untergang, nämlich die Schiffe zukünftig mit genügend Booten für alle Menschen an Bord auszustatten, zog die White Star Line also unabhängig von gesetzlichen Erlassen oder gerichtlichen Verfügungen bereits einen Tag nach dem Verlust des Riesendampfers.

The Largest Steamer in the World

New 45,000 Ton OLYMPIC Sails from NEW YORK MAY 4

MAY 25—JUNE 15
JULY 6—JULY 27

FRENCH A LA CARTE RESTAURANT, TURKISH & ELECTRIC BATHS, SWIMMING POOL, FOUR ELEVATORS, GYMNASIUM, VERANDAH CAFE, PALM COURT, SQUASH RACQUET COURT.

American Line
N.Y.—Plymouth—Cherbourg—Southampton
St. Louis, May 11. Philadelphia, May 18.
Philadelphia—Queenstown—Liverpool.
Haverford, May 4. Merion, May 18.

White Star Line
N.Y.—Plymouth—Cherbourg—Southampton
Olympic, May 4.
New York—Queenstown—Liverpool
Celtic ....April 25 | Adriatic.....May 2
Boston—Queenstown—Liverpool
Cymric (2d class), Apr. 26 | Arabic, May 7

FROM BOSTON TO THE Mediterranean
Canopic.....April 27 || Cretic.......May 18

Red Star Line
N. Y.—London—Paris via Dover—Antwerp
Lapland, Apr. 20. Kroonland, Apr. 27.

Atlantic Transport Line
New York—London Direct.
Minnetonka, May 4. Minnehaha, May 11.

WHITE STAR LINE CANADIAN SERVICE
LARGEST STEAMERS FROM CANADA
From Montreal via Quebec to Liverpool
*CANADA May 4. June 1, June 29
MEGANTIC May 11, June 8, July 6
*TEUTONIC May 18, June 15, July 13
LAUR... May 25. June 22, July 20
*Only C...

ROBT. E. M. BAIN, S. W. Pass. Agt. Both Phones.

Diese Werbeanzeige erschien in der Abendausgabe der „St. Louis Post-Dispatch“ vom 16. April 1912. Die *Titanic* wurde bereits herausretuschiert.

All steamers of the undermentioned Lines will follow th[e] NEW SOUTHERLY COURSE Eastbound and Westbound, thu[s] avoiding all possibility of meeting ice, and each steamer wi[ll] have BOAT AND LIFE RAFT capacity for every person o[n] board, including both passengers and crew.

New 45,000 Ton OLYMPIC Sails from NEW YORK MAY 2[5]

JUNE 15—JULY
JULY 27—AUG.

American Line
N.Y.—Plymouth—Cherbourg—Southampton
Philadelphia, May 11. New York, May 25
Philadelphia—Queenstown—Liverpool.
Haverford, May 4. Merion, May 18.

White Star Line
N.Y.—Plymouth—Cherbourg—Southampton
*Philadelphia, May 11. Oceanic, May 18.
*American Line Steamer.
New York—Queenstown—Liverpool
Baltic ....May 9 | Cedric, May......16
Boston—Queenstown—Liverpool
Arabic...May 7 | Cymric (2d class) May 22

FROM BOSTON TO THE Mediterranean
Cretic ......May 18 | Canopic ....June 8

Red Star Line
N. Y.—London—Paris via Dover—A...
Finland, May 4. Vaderland, Ma...

Atlantic Transport Lin[e]
New York—London Direct.
Minnetonka, May 4. Minnehaha, ...

WHITE STAR LINE CANADIAN SERVIC[E]
LARGEST STEAMERS FROM CAN[ADA]
From Montreal via Quebec to Liv...
MEGANTIC May 11, June 8, J...
*TEUTONIC May 18, June 15, J...
LAURENTIC May 25, June 22, J...
*CANADA ....June 1, June 20, J...
*Only One Class of Cabin (II) Pass...

ROBT. E. M. BAIN, S. W. Pass. Agt. Both Phones, 9th and Locust Sts., St. Loui[s]

Weiter hinten in der gleichen Ausgabe: Die Anzeige wurde mit Details zur südlicheren Route und der erhöhten Anzahl der Rettungsboote ergänzt.

Mit der Aufstockung der Boote auf der *Olympic* konnte erst nach dem 21. April 1912 begonnen werden, als das Schiff nach dem erfolglosen Versuch, der sinkenden *Titanic* zur Hilfe zu kommen, nach Southampton zurückgekehrt war. Doch trotz der zusätzlichen Faltboote, die an Deck installiert wurden, bestreikte ein Teil der Crew die nächste Abfahrt der *Olympic*. Nach langem Hin und Her legte die *Olympic* erst am 15. Mai wieder Richtung New York ab – mit gerade einmal 432 Passagieren an Bord. Dies zeigt, dass sich nur sehr wenige Menschen mit dem neuen südlicheren Kurs und der aufgestockten Zahl an Rettungsmitteln zufriedengab. Nicht zuletzt deswegen entschloss man sich in den folgenden Monaten für einen Totalumbau der *Olympic*, bei dem neben einer neuen doppelten Außenhaut auch das Schottsystem überarbeitet wurde.

Die Titanic wurde nie getauft

Auch wenn sie in der einen oder anderen Verfilmung auftaucht – eine offizielle Schiffstaufe hat es für die *Titanic* nie gegeben. Nach der Katastrophe unkten Gläubige, dass dies das Unglück heraufbeschworen habe. Die fehlende Taufe war jedoch keineswegs eine Besonderheit der *Titanic*. Wie bei Schiffen der White Star Line üblich, hatte es statt einer Taufe am 31. Mai 1911 eine öffentlichkeitswirksame Stapellaufzeremonie gegeben, bei der neben offiziellen Vertretern der Werft und Reederei auch Bürger der Stadt Belfast teilnehmen konnten. Hierfür wurden eigens Tickets verkauft.

Der Stapellauf der *Titanic* war ein großer Event, für den auch Tickets verkauft wurden.

Religiöse Verstrickungen hatte es übrigens schon während des Baus gegeben, denn dieser fiel in die Zeit der politisch-religiösen Unruhen in Irland – damals noch einheitlich unter britischer Krone. Der Konflikt über die Unabhängigkeit Irlands schwelte schon damals in Belfast besonders heftig, da Nordirland hauptsächlich englisch-protestantisch geprägt war, viele Katholiken und Protestanten aber beim größten Arbeitgeber der Stadt – der Werft Harland & Wolff – aufeinandertrafen. Als in dieser hitzigen Stimmung behauptet wurde, dass die Auftragsnummer zum Bau der *Titanic*, die Nummer 390904, in Spiegelschrift und mit viel Kreativität „no Pope“ heißen soll, sah sich die Werftleitung sogar dazu genötigt, ein offizielles Dementi auszusprechen.

Praktisch unsinkbar

Zu den größten Mythen der Titanic-Geschichte gehört, dass das Schiff vor dem Untergang als unsinkbar gepriesen wurde. Tatsächlich wurde dies weder von Seiten der Reederei noch der Werft behauptet. Diese Aussage fand sich hingegen in einem Beitrag einer Fachzeitschrift.

Es war die englische Zeitschrift „The Shipbuilder“, die im Sommer 1911 im Rahmen einer Sonderausgabe die Schiffe der „Olympic-Klasse“ vorstellte und dabei auch ausführlich auf die Sicherheitseinrichtungen einging. Zu den revolutionärsten Neuerungen an Bord gehörten die sogenannten wasserdichten Schotten.

Der Schiffsrumpf war durch 15 quer im Schiffsbauch verlaufende Schottwände in 16 Abteilungen unterteilt. Diese hatten Durchgangstore, die bei Gefahr zum Beispiel bei Wassereinbruch manuell, aber auch per Knopfdruck von der Brücke aus, geschlossen werden konnten. Besonders innovativ: Die Schwellen der Schotts konnten Wasser registrieren und sich dann automatisch senken. Diese neuartige Technik verleitete den „Shipbuilder“ dazu, die *Titanic* und ihre baugleiche Schwester *Olympic* als „praktisch unsinkbar“ zu bezeichnen. Wichtig ist hierbei der Zusatz „praktisch“ und der Hinweis, dass es sich dabei um eine üb-

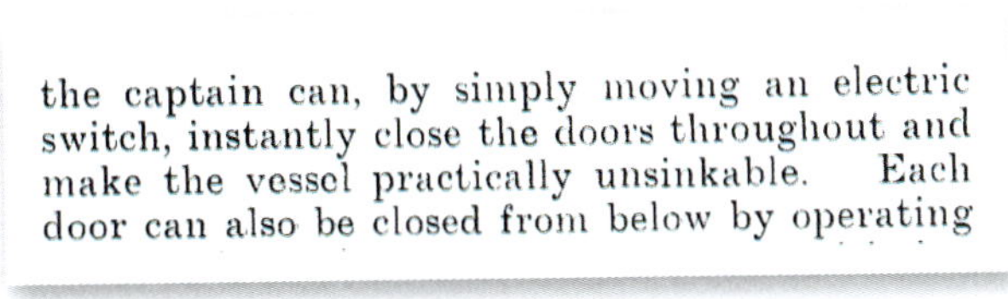
the captain can, by simply moving an electric switch, instantly close the doors throughout and make the vessel practically unsinkable. Each door can also be closed from below by operating

Das Fachmagazin „The Shipbuilder“ stellte in einer Sonderausgabe im Sommer 1911 unter anderem das Schottsystem der *Titanic* vor und bezeichnete das Schiff als „praktisch unsinkbar“.

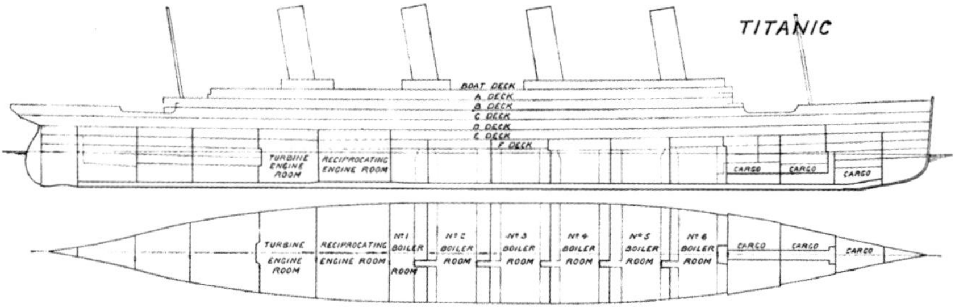

Die 15 quer im Schiffsbauch verlaufenden Schottwände unterteilten die *Titanic* in 16 Abteilungen.

liche technische Begrifflichkeit handelte. Mit dem heutigen Wissen zum Verlauf des Untergangs wirkt das Verwenden einer solchen Beschreibung befremdlich, 1911 war es aber nicht außergewöhnlich.

Ein genauer Blick auf die Konstruktionspläne verrät schnell die Schwachstelle des Systems: Das Schiff war so gebaut, dass die vier vorderen dieser 16 Kammern mit Wasser hätten volllaufen können, ohne dass die Stabilität des Schiffes gefährdet gewesen wäre. Lagen mehr als vier beschädigte Abteilungen hintereinander, bestand jedoch Gefahr, da die Schottwände nur bis zum E-Deck reichten, das sich ungefähr fünf Meter über der Wasseroberfläche befand.

Bei der Kollision der *Titanic* mit dem Eisberg wurden die ersten fünf Kammern beschädigt – also eine zu viel. Der Wassereinbruch führte bei geschlossenen Schotten dazu, dass der Rumpf des Schiffes so tief eintauchte, dass das eindringende Wasser über Treppenhäuser, Gänge und Luftschächte der darüberliegenden Decks quasi über die tiefer liegenden Schottwände hinweglaufen konnte. Der an dieser Stelle oft verwendete Vergleich eines schräg gehaltenen Eiswürfelbehälters, bei dem das Wasser über den Rand schwappt, ist hierbei nicht nur irreführend, sondern schlichtweg falsch. Denn natürlich begrenzte die Decke das Wasser nach oben – nur durch die beschriebenen Öffnungen war ein Volllaufen des Schiffes möglich. Die ausgelöste Kettenreaktion sorgte dafür, dass sich nach und nach das ganze Schiff mit Wasser füllte und schließlich sank.

Nach dem Untergang wurde spekuliert, ob ein Öffnen der Schotttore während des Untergangs die Sinkgeschwindigkeit verlangsamt hätte, da sich das Wasser dann erst gleichmäßig auf den unteren Decks verteilt hätte. Das physikalische Prinzip der kommunizierenden Gefäße widerspricht dieser Theorie eindeutig. Mit den Beschädigungen war die *Titanic* dem Untergang geweiht – mit geschlossenen oder geöffneten Schotten.

Philip Albright Small Franklin, Vizepräsident der White Star Line, behauptete noch am Abend des 15. April, für die Passagiere der *Titanic* bestünde keine ernsthafte Gefahr.

So ganz freimachen kann sich die Reederei dann aber doch nicht von dem Vorwurf, sie habe behauptet, dass die *Titanic* unsinkbar sei. Philip Albright Small Franklin war Vizepräsident der White Star Line und für das Büro der Reederei in New York City verantwortlich. Als er über Funknachrichten vom Untergang des Schiffes erfuhr, rechnete er zunächst nicht mit dem Schlimmsten. In einer Erklärung gegenüber besorgten Verwandten und Freunden berichtete er vor Pressereportern, die sich am 15. April 1912 gegen 22.30 Uhr vor den Büros der White Star Line drängten: „Es besteht keine Gefahr, dass die *Titanic* sinkt. Das Schiff ist unsinkbar und die Passagiere werden nur Unannehmlichkeiten erleiden." Später, etwa um 23.30 Uhr, erklärte er, er hoffe, dass einige Passagiere von der *Virginian* und *Parisian* aufgenommen wurden und wieder auftauchen werden. Erst um Mitternacht gab Franklin den Ernst der Lage zu und sagte in einer Erklärung: „Ich hielt sie für unsinkbar und stützte meine Meinung auf den besten Expertenrat. Ich verstehe es nicht."

AHA!

Einzigartig, umjubelt, ausgebucht

Es gehört zur heutigen Lesart, dass die Jungfernfahrt der *Titanic* ein medienwirksames, spektakuläres Jahrhundertereignis war. So wird es auch in fast allen Verfilmungen dargestellt. Tatsächlich hatte die Presse davon kaum Notiz genommen.

Obwohl die *Titanic* wegen kleiner baulicher Veränderungen tatsächlich etwas größer war als das erste Typschiff dieser Baureihe und sie sich somit rechtmäßig „größtes Schiff der Welt" nennen durfte, wäre sie auch ohne den Untergang diesen Titel schnell wieder losgeworden. Bereits fünf Wochen nach der Katastrophe lief ein noch mächtigerer Ozeanriese vom Stapel, die auf der Hamburger Vulcan-Werft gebaute *Imperator*, ein Jahr später folgte mit der *Vaterland* Riesendampfer Nummer 2 dieser Baureihe. Die Buchungslage zur Jungfernfahrt der *Titanic* war ursprünglich nicht besonders gut. Und das obwohl sich die Reederei dazu entschlossen hatte, den schon für die Pension vorgesehenen Kapitän Edward John Smith zu verpflichten. Mit seinem Spitznamen „millionaires' captain" war er vor allem bei den Passagieren der ersten Klasse sehr beliebt und es soll Passagiere gegeben haben, die sich ihre Passage nach genau diesem Kapitän ausgesucht haben. Aber auch in der sonst so lukrativen dritten Klasse, in der auf engsten Raum viele Menschen transportiert werden konnten und die der Reederei wichtige Einnahmen bringen sollten, waren bis wenige Tage vor der Abfahrt noch viele Betten nicht gebucht. Ein weiteres Problem: der Streik der Bergbauleute in den Kohlegruben, der dafür sorgte, dass der für die großen Dampfer so dringend benötigte Rohstoff nicht mehr in ausreichender Menge zum Hafen gelangte. Zwar war die *Titanic* im Verhältnis zu ihrer Größe im Vergleich mit anderen Schiffen ihrer Zeit ziemlich sparsam, was den Kohleverbrauch angeht – sie brauchte „nur" knapp

650 Tonnen am Tag – für die siebentägige Überfahrt nach New York reichte die bislang gebunkerte Menge jedoch nicht. Um die Jungfernfahrt nicht zu gefährden, wurde die Kohle von zwei anderen, viel kleineren Dampfern auf die *Titanic* umgeladen und deren Passagiere bekamen die Möglichkeit, auf die *Titanic* umzubuchen. Der White Star Line gelang es damit nicht nur, genügend Kohle auf der *Titanic* zu bunkern, sondern brachte sie auf ihrer Jungfernfahrt immerhin auf eine Auslastung von knapp 75 Prozent.

Das Ablegen der *Titanic* war dann auch nicht so spektakulär, wie es in manchen Filmen gezeigt wird. Bei dem diesigen Wetter, das an dem Tag herrschte, waren bei Weitem nicht so viele Schaulustige zum Hafengelände geströmt wie es ein Jahr zuvor noch bei der *Olympic* der Fall gewesen war. Die *Titanic* war eben doch nur die Kopie ihrer älteren Schwester.

Fünf Wochen nach ihrer Jungfernfahrt hätte die *Titanic* ihren Titel „größtes Schiff der Welt" an die *Imperator*, einem Schwesterschiff der *Vaterland*, verloren.

Luxuriös und elegant

Die *Titanic* sei das schönste und luxuriöseste Schiff der Welt, so ist oft zu lesen. Das äußere Erscheinungsbild der *Titanic* war in der Tat unglaublich elegant und schnittig, verglichen mit anderen Schiffen ihrer Zeit.

Die Innenausstattung der *Titanic*, besonders die der ersten und zweiten Klasse, war nahezu identisch mit der ein Jahr zuvor in Dienst gestellten *Olympic* und daher genau genommen nichts Besonderes. Die Schiffe der „Olympic-Klasse" waren ganz auf Komfort ausgelegt und boten ihren Passagieren ein großes Raumangebot. So verfügten die *Olympic* und *Titanic* über die großzügigsten Eingangshallen und Treppenvorplätze, die man bis dahin auf Schiffen gesehen hatte. Ihre Speisesäle der ersten Klasse waren die größten Räume dieser Art auf allen je gebauten Schiffen, wenngleich auch nur einstöckig und daher nicht ganz so überwältigend wie ihre zweistöckigen, überkuppelten Gegenstücke an Bord anderer Schiffe. Sowohl die ganz in hellem Eichenholz getäfelte Lounge als auch der angrenzende Lese- und Schreibsalon verfügten über imposante offene Kamine, die allerdings nicht richtig befeuert wurden, sondern nur durch elektrische Lämpchen ein Glühen hinter Messingblenden und Feuerböcken imitierten. Im weiter achtern gelegenen Rauchsalon der ersten Klasse gab es hingegen einen „echten" Kamin. Auf Deck B gab es ein À-la-carte-Restaurant, das den Passagieren unabhängig von den festgelegten Tischzeiten in den Speisesälen warme Mahlzeiten anbot, die allerdings extra bezahlt werden mussten und nicht im Fahrpreis inbegriffen waren. Die Restaurants auf der *Olympic* und *Titanic* waren überaus kunstvoll und elegant mit vergoldeten Täfelungen in französischem Nussbaum, roséfarbenem Teppichboden und zartem Louis-Seize-Mobiliar ausgestattet. Die Idee eines solchen Restaurants war nichts Neues, bereits die *Amerika* der Hapag war ein paar Jahre

Ein Blick in die Innenräume der ersten Klasse unterstreicht den Anspruch der White Star Line, die *Titanic* als schwimmenden Palast zu bezeichnen.

zuvor mit dem ersten Gastronomiebetrieb dieser Art in See gestochen.

Weitere innovative Aspekte der White Star Liner, so betonte es die zeitgenössische Werbung, seien ihre Möglichkeiten zur sportlichen Ertüchtigung gewesen. So gab es auf dem Bootsdeck einen mit modernsten elektrischen Sportgeräten der Wiesbadener Firma „Rossel & Schwarz“ eingerichteten Gymnastikraum (mit fest angestelltem Sportlehrer), einen Squashraum mit Zuschauertribüne im F-Deck und ein damals sehr populäres „Türkisches Bad“ mit Swimmingpool. Auf der *Titanic* stand der Gymnastikraum Herren und Damen zu verschiedenen Zeiten zur Verfügung, außerdem den Kindern der ersten Klasse, für die es sonst nicht allzu viele Möglichkeiten an Bord gab. Das „Türkische Bad“ war vielleicht die außergewöhnlichste Einrichtung an Bord – eine Kombination aus Heißluft-, Massage- und Ruheräumen, ausgestattet im arabischen Stil des 18. Jahrhunderts, mit geschnitzten Teakholzpaneelen und bunten Fliesen an den Wänden. Vom Swimmingpool heißt es fälschlicherweise oft, er sei der erste seiner Art auf See gewesen. Wenn man den kargen Raum auf der *Titanic* mit denen der nur kurz danach in Dienst gestellten Hapag-Dampfer vergleicht, fällt sofort auf, um wie viel pompöser die Innenarchitektur der deutschen Schiffe war. Waren auf *Olympic* und *Titanic* nackte, weiß gestrichene Metallwände zu sehen, prunkten die Schwimmbäder der deutschen Schiffe mit Marmorsäulen, Mosaiken und pompejanischen Fresken.

Unbestreitbar hatten *Olympic* und *Titanic* die schönsten Treppenhäuser aller großen Passagierschiffe der damaligen Zeit. Ihre grazilen Glaskuppeln, die vergoldeten Schmiedeeisenbalustraden und die erlesenen Schnitzarbeiten in hellem Eichenholz vereinigten sich zu einem Gesamtbild herrschaftlicher Opulenz und erinnerten an die großen Treppenaufgänge in Schlössern oder Opernhäusern. Besonders erwähnt wurden in den Werbebroschüren der Reederei die drei elektrischen Personenaufzüge (ein vierter befand sich weiter achtern im Treppenhaus der zweiten Klasse); aber auch diese waren keine spezielle Neuerung auf See – bereits die *Lusitania* und *Mauretania* hatten Personenaufzüge in ihren Treppenhäusern, ebenso die zeitgleich gebaute *France*.

Betrachtet man die Kabinen in allen drei Passagierklassen, stellt man fest, dass sie sich in Größe und Ausstattung kaum von denen der Konkurrenzschiffe unterschieden. Lediglich die beiden Promenadensuiten auf dem B-Deck waren eine Neuerung, verfügten sie doch über eine eigene Veranda, auf der ihre Inhaber ungestört den Blick aufs Meer genießen konnten. Die Wohnräume dieser Suiten waren, wenngleich auch sehr prächtig mit feinsten Edelhölzern und kostbaren Textilien ausgestattet, nicht übermäßig geräumig.

Die Kabinen der zweiten Klasse glichen in vieler Hinsicht den billigeren Unterkünften der ersten. Ihre Möblierung entsprach ganz dem schiffstypischen Standard der damaligen Zeit: Mahagoni-Einbauschränke, Messingbetten, Klappwaschtische. Private Bäder und Toiletten gab es nur in der ersten Klasse, und auch dort nur in den Suiten. Bis zur Abkehr von Gemeinschaftswaschräumen und öffentlichen Toiletten war es, zumindest auf englischen Schiffen, noch ein weiter Weg.

Insgesamt war die *Titanic* ein wunderschönes und sehr elegant ausgestattetes Schiff. Es verkörperte perfekt den Stil seiner Zeit und beeindruckte durch die Modernität seiner Einrichtungen – wer hatte im Jahre 1912 schon elektrisches Licht und fließendes Wasser im Haus? Sie war ein getreues Ebenbild ihrer Schwester *Olympic* und wurde nur durch ihren Untergang zu etwas ganz Besonderem; hätte sie nach einer erfolgreichen Jungfernfahrt jahrzehntelang ihren Dienst versehen, würde man sich ihrer heute nicht anders erinnern als ihrer Konkurrentinnen.

Auch kulinarisch ging es auf der *Titanic* mit echtem Silberbesteck erstklassig zu.

Modernstes Schiff der Welt

Zur Glorifizierung der *Titanic* gehört auch, dass sie als das modernste Schiff ihrer Zeit bezeichnet wird. Tatsächlich war sie, von manchen Neuerungen im Bereich der Sicherheitsanlagen abgesehen, technisch gesehen wenig innovativ, denn die Werft rüstete die Schiffe sehr konservativ aus und ignorierte einige bereits verfügbare technische Neuerungen.

Bei den schiffstechnischen Anlagen der „Olympic-Klasse" ließ sich Harland & Wolff auf keinerlei Experimente ein. Alles war erprobt und lange bewährt – teilweise aber nicht mehr aktueller Stand der Technik.

Die White Star Line und ihre Hauswerft beschlossen, an den althergebrachten Dampfmaschinen festzuhalten, da sich ihre Schiffe doch in eher moderaten Geschwindigkeitsbereichen bewegten. Andere Schiffe der Zeit, zum Beispiel die *Mauretania* und die *Lusitania*, waren bereits mit dem moderneren Turbinenantrieb ausgerüstet, den man bewusst auf der *Olympic* und der *Titanic* nicht verbaute. Um Schiffe der Größe der „Olympic-Klasse" auf mehr als 20 Knoten Geschwindigkeit zu bringen, mussten neue Wege gegangen werden. Denn nur mit Dampfmaschinen allein war diese Leistung nicht zu schaffen. So kam es nach einem vorangegangenen „Feldversuch" mit der *Laurentic* und *Megantic* dazu, dass die Schiffe mit einem kombinierten Antrieb aus Kolbenmaschine und Turbine ausgerüstet wurden. Dies war zwar nicht der aktuellste Stand der Technik, hatte sich aber bewährt und sparte obendrein noch Kohle.

Auch die Ausführung der Schottenschließanlage war eher rückständig. Obwohl bei großen Passagierdampfern schon seit Ende des 19. Jahrhunderts hydraulische Anlagen üblich waren, befand die Werft für die neuralgischen Schottenschiebetüren die sogenannte Fallvorrichtung als ausreichend. Das bedeutete, dass sich die wasserdichten Türen ausschließlich durch die Schwerkraft schlossen. Die einzige verbaute Hydraulik verzögerte die Schließgeschwindigkeit auf etwa 30 Sekunden – das diente einerseits der Sicherheit passierender Menschen, verhinderte aber auch, dass sich die massiven Türen in der unteren Führung beinahe unlösbar festrammten. Zum Öffnen der Türen musste eine Handkurbel benutzt werden. Neben den zur Schließanlage gehörenden wasserdichten Türen, musste noch eine Vielzahl von Türen mit der Hand geschlossen werden, aber das war bei den anderen Schiffen genauso.

Die Navigationsausrüstung entsprach ebenfalls nicht ganz dem neuesten Stand: Die *Titanic* musste mit Magnetkompassen auskommen, obwohl zur Zeit der Konstruktion der Kreiselkompass bereits eingeführt war und sich gut bewährte.

Die anderen Navigationsmittel – vor allem die elektrischen Drahtlotmaschinen und die Unterwasserschallanlage – waren auf dem technischen Stand jener Zeit.

Diese Kessel erzeugten den Dampf für die eher konservativ konstruierte Hauptmaschine der *Titanic*.

Beim Auslaufen aus Southampton zog der Sog der *Titanic* die vertäute *New York* an und es kam beinahe zur Kollision.

Pünktlich auf Kurs

Die Abfahrt der *Titanic* aus Southampton am 10. April 1912 war eher unspektakulär, bis auf ein erwähnenswertes Detail: die Beinahe-Kollision mit dem Schiff *New York*. Der Fahrplan geriet dadurch aber nicht ins Wanken.

Das Auslaufen der *Titanic* war für exakt 12 Uhr geplant. Tatsächlich setzte sie sich erst ein paar Minuten später in Bewegung. Aufgrund des Kohlestreiks war es ein ungewöhnlich stilles Ablegen – vor allem bei einer Jungfernreise. Das normalerweise bei diesem Anlass übliche Pfeifenkonzert anderer Schiffe blieb aus, da kaum Schiffe im Hafen unter Dampf standen. Ebenfalls aufgrund des Streiks lagen ungewöhnlich viele Schiffe vertäut an den Piers – teilweise zweireihig. Dies machte die Hafenausfahrt enger als gewöhnlich. An den Piers 38/39 lag die *Oceanic* der White Star Line, an ihr vertäut ins Fahrwasser ragend die *New York* der American Line. Als die *Titanic* langsam Fahrt aufnahm und mit circa sechs Knoten beide Schiffe passierte, riss sich die *New York* los und ihr Heck driftete gefährlich nahe in Richtung *Titanic*. Nur durch ein schnelles Eingreifen des Lotsen und der Schlepper konnte die Kollision vermieden werden. Unterm Strich verzögerte die Beinahe-Kollision das Auslaufen der *Titanic* aus Southampton um etwa eine Stunde. Durch erhöhtes Tempo konnte sie auf der Fahrt nach Cherbourg davon 30 Minuten wieder gutmachen. Statt wie geplant um 18 Uhr, ankerte sie erst um 18.30 Uhr vor Cherbourg. Eine Stunde zuvor, gegen 17.30 Uhr, hatten die zusteigenden Passagiere die beiden Tenderschiffe *Nomadic* und *Traffic* betreten, die dann Kurs auf die Ankerposition gesetzt hatten. Bereits um 20.10 Uhr lichtete die *Titanic* bereits wieder ihre Anker – nur zehn Minuten hinter ihrem ursprünglichen Fahrplan. Die Küste vor Queenstown im Süden Irlands erreichte sie fahrplanmäßig am nächsten Morgen um 11.30 Uhr. Um 13.55 Uhr wurden die Anker wieder gelichtet, die amerikanische Flagge für das nächste Zielland gehisst und die *Titanic* nahm Kurs auf New York – fünf Minuten vor ihrem Fahrplan.

Das Tenderschiff *Nomadic*, heute ein Museumsschiff in Belfast, brachte die in Cherbourg zugestiegenen Passagiere zur vor Anker liegenden *Titanic*.

Der Kapitän

Das Kommando auf der Jungfernfahrt der *Titanic* hatte Kapitän Edward John Smith. Auf den ersten Blick ein Bilderbuchkapitän. Aber war er der Situation gewachsen?

Edward John Smith stand zwar nicht im Rang eines Commodore, wie es oft zu lesen ist, denn die White Star Line hatte diesen Titel nie offiziell an ihre Kapitäne vergeben, dennoch zählte er zu den erfahrensten und hochgeschätztesten Kapitänen der Reederei. Angesehen bei Mannschaft und Passagieren, hatte man ihm nicht umsonst alle Jungfernfahrten der letzten Jahre anvertraut. Mit 62 Jahren war er kurz vor seinem Ruhestand und konnte auf über 40 Jahre Berufserfahrung zurückblicken. Sein weißer Bart zusammen mit der schmucken Uniform machten ihn zu einem Bilderbuchkapitän. Eben ein Kapitän, wie man sich ihn vorstellt – nicht umsonst fühlt man sich beim Anblick seines Porträts an eine Fischstäbchenwerbung erinnert.

Seine Rolle während der Katastrophe ist schon allein wegen seiner herausragenden Stellung an Bord immer wieder diskutiert worden. War er vielleicht schon zu alt für Schiffe wie die *Titanic*?

Tatsächlich hatte es während seiner Dienstzeit diverse Zwischenfälle unter seinem Kommando gegeben. 1880 kam er zur White Star Line, neun Jahre später setzte er die *Republic* vor New York auf Grund, ein Jahr später die *Coptic* ebenso. 1901 brach auf der *Majestic* ein Feuer aus, 1906 auf der *Baltic*. 1907 wurden auf seiner *Adriatic* Diebstähle durch die Crew aktenkundig, zwei Jahre später setzte er das Schiff auf Grund. Auch als im September 1911 das Kriegsschiff *Hawke* durch den Sog angezogen ein Loch in die *Olympic* bohrte, stand Smith auf der Brücke. Was wie eine lange Liste mit Vorkommnissen erscheint, ist für eine solch lange Karriere unterm Strich kaum erwähnenswert. Keiner der Zwischenfälle hatte ernste Schäden verursacht – sogar das riesige Loch, dass die *Hawke* in die *Olympic* bohrte, hatte sein Schiff durch die Schottwände nicht ernsthaft in Gefahr gebracht – im Gegenteil, es bestärkte den Glauben an die Technik und befeuerte den Glauben an die Unsinkbarkeit dieser Schiffsklasse in der Bevölkerung.

Bei den beiden nach dem Untergang der *Titanic* durchgeführten Untersuchungsausschüssen kam Smith jedoch nicht besonders gut weg. Gerade die amerikanischen Vertreter zeichneten von ihm das Bild eines eitlen, überheblichen Menschen, der als überforderter Kommandant mit der modernen Schiffstechnik nicht mehr mithalten konnte. Immer wieder wurde ihm auch eine Beeinflussung durch den Reeder Bruce Ismay unterstellt.

Ein Kapitän wie aus dem Bilderbuch: Edward John Smith

Der Reeder

Er gehört zu den umstrittensten Menschen der Titanic-Geschichte: Joseph Bruce Ismay, Präsident der International Mercantile Marine und Direktor der White Star Line. Auf der Jungfernfahrt der *Titanic* dabei, war er zweifelsohne kein Passagier wie jeder andere.

Immer wieder wurde Ismay unterstellt, Kapitän Smith unter Druck gesetzt zu haben, was er bis an sein Lebensende bestritt. Die öffentliche Meinung interessierte dies herzlich wenig: Nach dem Untergang machte die amerikanische Boulevardpresse aus Joseph Bruce Ismay Joseph „Brute" Ismay und untermauerte damit die Behauptung, er habe auf der sinkenden *Titanic* auf einen Platz im Rettungsboot bestanden, während noch so viele Frauen und Kinder an Bord waren.

Auch in der heutigen Literatur kommt Ismay oft denkbar schlecht weg – zu schön eignet er sich als feiger Antiheld, der sich am Ende selbst retten lässt. Bis heute gibt es jedoch keine stichhaltigen Beweise für eine aktive Beeinflussung des Kapitäns von seiner Seite. Für Filmszenen wie die, in der er selbst nach der Kollision bei einer Lagebesprechung auf der Brücke teilnimmt, entsprangen der Fantasie des Drehbuchautors. Vollständig aus der Luft gegriffen scheinen diese Fantasien jedoch nicht: Ismay selbst sagte aus, dass er in Queenstown den Chefingenieur Joseph Bell aufgesucht hatte, um mit ihm über technische Dinge zu reden. Unterhielt er sich über mögliche Geschwindigkeiten und stellte er eine Art Zeitfahrplan auf? Wollte er bewirken, dass die *Titanic* statt am Mittwochmorgen bereits am Dienstagabend in New York einläuft? (→ „Dienstag statt Mittwoch")

Am frühen Nachmittag des 14. April schickte die *Baltic* ein Telegramm, das an die Brücke der *Titanic* weitergegeben wurde (→ „Die ignorierten Eiswarnungen"). Es war bereits die zweite Eiswarnung an diesem Tag. Kapitän Smith las die Nachricht und reichte sie an Ismay weiter. Dieser zeigte die Nachricht in den folgenden Stunden, wenn man den Aussagen der Überlebenden glaubt, mehreren Passagieren. Erst nach circa fünf Stunden landete die Meldung wieder auf der Brücke. Warum tat Smith das? Wollte er seinem Chef schmeicheln? Wollte er damit Ismay verdeutlichen, warum er die Geschwindigkeit des Schiffes reduzieren sollte? Smith ging mit seinem Schiff unter, Ismay überlebte und wurde zur Zielscheibe.

Es gibt aber auch Aussagen, die Ismay als jemanden beschreiben, der an Bord versuchte zu helfen. Er wurde als konfus wahrgenommen, als er auf dem Bootsdeck herumrannte und Frauen und Kinder zu den Booten begleitete – bis zum Schluss nur mit seinem Überwurf bekleidet, unter dem er seinen Schlafanzug trug. Am Ende besteigt er, nachdem es ihm angeboten wurde, eines der letzten Boote, als keine Frauen und Kinder in der Nähe waren.

Kann man ihm diese Entscheidung im Angesicht des Todes wirklich verübeln?

Joseph Bruce Ismay, Direktor der White Star Line

AHA!

Dienstag statt Mittwoch

Ob die *Titanic* am Dienstag, den 16. April 1912, anstatt am Mittwoch New York hätte erreichen können, darüber streiten sich die Experten bis heute. Wäre das jedoch überhaupt sinnvoll gewesen? Hätte man damit Aufmerksamkeit erzielen können? Hat Bruce Ismay Kapitän Smith dazu getrieben, für die Vorteile einer früheren Ankunft eine sichere Navigation außer Acht zu lassen?

Tatsächlich ist die Thematik „Dienstag statt Mittwoch" etwas, über das man sich bei der Reederei bereits bei der Terminplanung für die *Olympic* Gedanken gemacht hatte. Die Ankunfts- und Abfahrtszeiten waren äußerst knapp bemessen, und als man langsam vom Einsatz mit vier Schiffen (*Majestic, Baltic, Teutonic, Oceanic*) für die Route über den Nordatlantik auf nur noch drei Schiffe (*Olympic, Titanic, Britannic*) umstellte, war dies noch verschärft worden. Philip Albright Small Franklin, Vizepräsident der White Star Line und für das Büro der Reederei in New York

City zuständig, versuchte Bruce Ismay in einem Briefwechsel davon zu überzeugen, den Ankunftszeitraum auf dienstagabends zu verlegen, weil sich dadurch das Schiff deutlich besser vermarkten ließe und mehr Zeit bliebe, es für die Rückreise wieder herzurichten. Ismay antwortete zögerlich und betonte, dass ein Dienstag wetterbedingt nicht immer garantiert werden könne und es den Passagieren vermutlich lieber wäre, bereits bei der Abfahrt zu wissen, wann sie ankommen werden, als während der gesamten Reise in Ungewissheit zu schweben. Zudem warnte er vor einer Nachtankunft in New York. Allerdings versprach Ismay, die Angelegenheit mit Lord Pirrie, dem Vorstandsvorsitzenden der Titanic-Werft Harland & Wolff, Kapitän Smith und Joseph Bell, Chefingenieur der *Olympic*, durchzusprechen und wenn diese Herren zum selben Schluss wie Franklin kämen, würde er den Plänen nicht im Wege stehen. Offensichtlich hatten zumindest zwei der drei genannten Gesprächspartner mit Franklin übereingestimmt, denn am 11. August 1911 informierte das Büro in Liverpool das Büro in New York, dass der Kapitän der *Olympic* die Genehmigung erhalten hatte, sowohl ost-

Am 21. Juni 1911 erreichte die *Olympic* zum ersten Mal den Hafen von New York. Auf ihren verschiedenen Transatlantikreisen fuhr sie mit unterschiedlichen Geschwindigkeiten und zeigte, dass es möglich war, in New York einen Tag früher anzukommen, als im Fahrplan vorgesehen.

wärts wie westwärts auf der kurzen Sommerroute mit voller Kraft zu fahren. Gleichzeitig wurde ein Plan beigefügt, der die „exzellenten" Ankunftszeiten zeigte, wenn sie denn auf ihrer Fahrt nach Osten auf der kurzen Route mit 22,5 Knoten fuhr. Die von Franklin erhoffte Regelmäßigkeit der Dienstagsabendankunft ergab sich aus diversen Gründen nicht; mal war es das Wetter, dann die Kollision der *Olympic* mit der *Hawke* oder ein verlorenes Schraubenblatt, das den ehrgeizigen Plänen einen Strich durch die Rechnung machte.

Mit hohen Geschwindigkeiten war ab Ende März 1912 sowieso Schluss: Die Reederei verschickte an Kapitän Smith auf der *Olympic* die Order, dass wegen des Kohlearbeiterstreiks nur mit 20 Knoten gefahren werden dürfe. Die Jungfernfahrt der *Titanic* zeigt jedoch, dass die Geschwindigkeitsbeschränkung zumindest für die *Titanic* nach dem 11. April aufgehoben wurde. Aber die gängige Version, dass Ismay Kapitän Smith unter Druck setzte, um mit der *Titanic* New York am Dienstag zu erreichen, scheint anhand der vorliegenden Dokumente, die eindeutig Ismays Widerstand gegen eine Ankunft am Dienstag zeigen, wenig wahrscheinlich. Dafür spricht die Aussage der Erste-Klasse-Passagierin Elizabeth Lines, die gehört haben will, wie Ismay zu Smith sagte, dass die *Titanic* die *Olympic* schlagen und dienstags in New York ankommen würde. Ismay selbst sagte vor dem britischen Untersuchungsausschuss aus, er habe in Queenstown zu Chefingenieur Bell gesagt, dass die *Titanic* nicht am Dienstag in New York ankommen müsse. Das deckt sich mit seiner Haltung in der brieflichen Diskussion mit Franklin bezüglich der Ankunft der *Olympic* in New York.

Woher kommt also die Geschichte? Franklin beziehungsweise das New Yorker White Star Büro war nachweislich die treibende Kraft hinter den Dienstagsankünften der *Olympic* in New York. Man wollte die Fahrzeit verkürzen, die Schnelligkeit des Schiffes herausstellen und der Besatzung mehr Zeit geben, das Schiff für die Rückfahrt wieder vorzubereiten. Der Lauf der Geschichte jedoch hat diese Pläne vereitelt – und Ismay, 1911 noch entschiedener Gegner der Dienstagsankunft, wurde 1912 massiv beschuldigt, die treibende Kraft hinter der für die Verhältnisse zu schnellen Fahrt der *Titanic* gewesen zu sein, um eine frühere Ankunft zu ermöglichen.

Auch Lord Pirrie, Vorstandsvorsitzender der Werft Harland & Wolff, beschäftigte sich mit der Frage einer Fahrplanänderung zur früheren Ankunft der *Olympic* und *Titanic* in New York.

Propaganda voraus!

Josef Pelz von Felinau besuchte in Wien die Militärakademie und arbeitete kurze Zeit als Deckoffizier bei der österreichischen Handelsmarine. Etwa 1915 schrieb er ein umfangreiches Gedicht mit dem Titel „Der Untergang der Titanic". Im Vorwort gab er an, an Bord der *Carpathia*, des Rettungsschiffs der Titanic-Überlebenden, gewesen zu sein. Es folgte der Roman „Titanic. Tragödie eines Ozeanriesen". Diese Geschichte war der Stoff für einen Propagandafilm.

Die Lüge des damals circa 20-Jährigen, die wahrscheinlich nur dazu diente, sein Gedicht interessanter zu machen, verfolgte ihn den Rest seines Lebens. 1936 schrieb er dann „Titanic. Die Tragödie eines Ozeanriesen". Das Vorwort verfasste Max Dittmar-Pittmann. Ebenfalls ein Hochstapler. Er gab sich als Offizier der *Titanic* aus. Er habe versucht, die Katastrophe zu verhindern, sei bei den englischen Offizieren aber auf taube Ohren gestoßen. Den Inhalt Josef Pelz von Felinaus Roman – Tenor: Englische Habgier ließ das Schiff mit Höchstfahrt in die Katastrophe fahren – bezeichnete er als authentisch.

Der in verschiedene Sprachen übersetzte Roman erhielt 1939, 1944 und 1950 veränderte Textfassungen. In der Fassung von 1939 tritt Hitlers Leibarzt Theo Morell als Schiffsarzt auf und der Zweite Offizier ist ein Deutscher namens Max Dittmar-Pittmann.

Ende der 1930er Jahre plante Propagandaminister Joseph Goebbels, den Untergang der *Titanic* als Beweis für britischen Schlendrian auf die Leinwand zu bringen. Ein Stoff wie aus dem Propaganda-Bilderbuch: 1500 Menschen mussten sterben, nur weil ein risikowütiger Engländer die Sicherheitsvorschriften ignorierte. England als korrupte Klassengesellschaft, ein Land, in dem Unrecht Recht erhält und Reichtum ein Freischein für gesellschaftliche und juristische Verantwortung ist.

Ich habe dies gelesen.

Alle darin enthaltenen Ereignisse sind wahr.

Selbst Gespräche sind stellenweise dialoggetreu wiedergegeben.

Bei aller romanhaften Gestaltung, die der Verfasser anwandte, hat mich das Buch so erschüttert, als ob ich zum zweiten Male den Untergang des Schiffes mit all seinem unfaßbaren Dunkel und dem unmittelbaren Grauen seines Geschehens erlebt hätte.

Kapitän Max Dittmar-Pittmann
s. Z. Offizier der „Titanic"

Der angebliche Titanic-Offizier Max Dittmar-Pittmann steuerte ein zweifelhaftes Vorwort zum Roman „Titanic. Tragödie eines Ozeanriesen" des Autors Josef Pelz von Felinau bei.

Die beauftragte Filmfirma bediente sich in Pelz von Felinaus Roman, verpflichtete den Autor gar zur Umgestaltung in ein Drehbuch. Der Roman galt zu jener Zeit als zuverlässige Informationsquelle zum Titanic-Unglück – Max Dittmar-Pittmann war noch nicht als der Hochstapler entlarvt, der er war. Erst Ende der 1940er Jahre flog seine Lüge auf – er hatte nichts mit Herbert John Pitman, dem echten Dritten Offizier der *Titanic*, zu tun.

Nicht nur wegen des Romans halten sich die Geschichten von Max Dittmar-Pittmann erstaunlich beständig in den Köpfen der meist älteren Titanic-Interessierten – sei es durch den Roman oder den Film „Titanic", der zwar 1943 fertiggestellt, aber nie in Kinos des Deutschen Reiches gespielt wurde. Im Film gibt es dann auch den deutschen Offizier – damit es noch offensichtlicher wird, dass er ein Deutscher ist, wird aus Pittmann im Film aber der norddeutsch klingende Name „Petersen". Der Film wird hin und wieder in einem der dritten Programme unkommentiert ausgestrahlt und kann problemlos als DVD gekauft werden. „Titanic"

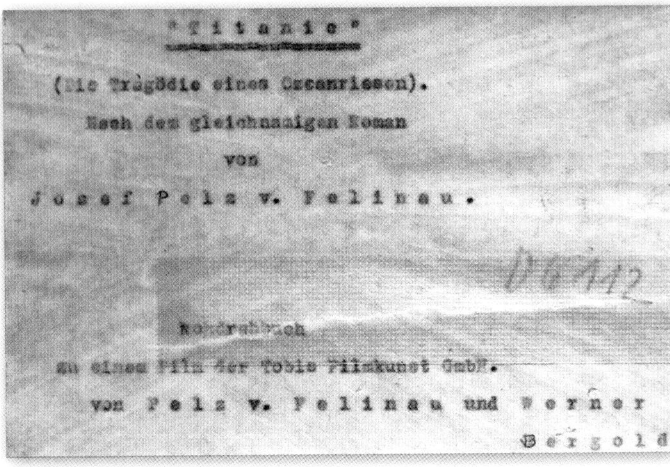
"Titanic"

(Die Tragödie eines Ozeanriesen).

Nach dem gleichnamigen Roman

von

Josef Pelz v. Felinau.

Rohdrehbuch

zu einem Film der Tobis Filmkunst GmbH.

von Pelz v. Felinau und Werner Bergold

Die erste Seite des Rohdrehbuchs des Nazi-Titanic-Films beweist die Mitarbeit von Josef Pelz von Felinau beim Propagandafilm.

wird als „Ufa-Klassiker“ mit fragwürdigen Jahreszahlen und Slogans beworben. Der Film hat, vermutlich wegen seiner technischen Perfektion und raffinierten Dramaturgie, viele Legenden und Erfindungen über die *Titanic* in die Welt getragen, die nur schwer auszuräumen sind: die Legende des „Blauen Bandes“, die der angeblichen Rekordgeschwindigkeit von 26,5 Knoten und dem „Blauen Diamanten“. Es gibt kein anderes Land, in dem noch heute ein so hoher Anteil von Menschen diese Legenden für bare Münze hält.

Auch James Cameron studierte den Streifen von 1943 für seinen Titanic-Film offenbar gründlich. So ist die Geschichte, dass ein junger, schneidiger Mann um ein Mädchen wirbt und sie dazu bringt, nicht den Mann zu heiraten, für den sie nichts empfindet, schon im Goebbels-Film zu finden. Und bereits im Propagandafilm spielt in einer Nebenhandlung ein gestohlenes Schmuckstück eine zentrale Rolle. Einer der Charaktere wird hier des Juwelenraubs, darunter ein blauer Diamant, bezichtigt, den er nicht begangen hat. Ebenso landet einer der Charaktere des Films angekettet in Haft im Schiffsbauch, der mit Wasser vollläuft und von einer anderen Person mithilfe einer Notfallaxt gerettet wird. Und auch 1943 wird in einer Szene eine Person von einer anderen über das Sinken des Schiffes informiert, während sie auf der großen Freitreppe stehen und an ihnen vorbei Menschen die Treppe hinaufstürmen. Und schließlich ist es in beiden Filmen der nicht-britische Held, der seine Freundin dazu anweist, sich in ein Rettungsboot zu begeben. Als es langsam abgefiert wird, schaut sie zu ihrem Liebsten, der oben an der Reling steht, hinauf. All diese Szenen finden sich sowohl im Titanic-Film von 1943 als auch in Camerons „Titanic" 1997.

Dieses Filmfoto zeigt Reeder Bruce Ismay (gespielt von Ernst Fritz Fürbringer) und den deutschen Offizier Petersen (gespielt von Hans Nielsen), den es nicht gegeben hat.

Typisch Propaganda: Heroisch rettet der (fiktive) deutsche Offizier Petersen ein Mädchen aus der Kabine, während Briten und Amerikaner sich nur um sich selbst sorgen.

Hält das Schott stand?

Medienwirksam kam 2017 eine Theorie über die schädlichen Auswirkungen eines Schwelbrandes in Umlauf, der auf der *Titanic* bereits wütete, als sie Belfast verließ. Dadurch soll das entscheidende Schott „E“ so sehr beschädigt worden sein, dass es nach der Kollision dem aufgebauten Druck des einströmenden Wassers nicht mehr standhielt und nachgegeben habe, weshalb die *Titanic* unterging.

Das Feuer im Kohlebunker der *Titanic* hat fast zwei Wochen lang gebrannt und soll das angrenzende entscheidende Schott „E“ zwischen Kesselraum 5 und 6 dadurch geschwächt haben. Nach der Theorie hat der Stahl, nachdem er durch das Bunkerfeuer hellrot glühte, etwa Dreiviertel seiner Festigkeit eingebüßt. Auch zur damaligen Zeit war es bekannt, dass sich Steinkohle bei falscher Lagerung unter Einwirkung von Sauerstoff selbst entzünden kann. Bunkerbrände waren auf Schiffen keine Seltenheit. Von überlebenden Heizern wurde berichtet, dass der Brand den Boden tatsächlich zum Glühen brachte – die Schottwand wurde jedoch nicht erwähnt. Nachdem der Kohlebunker komplett geleert und der Brandherd erreicht war, wurde der glühende Stahl mit schwarzem Öl übergossen. Da Öl eine niedrige Zündtemperatur hat, wäre diese Aktion in einem großen Bereich von hellrot glühendem Stahl, mit einer Temperatur von etwa 1000 Grad Celsius, äußerst gefährlich gewesen. Die Seemänner müssen sich also ziemlich sicher gewesen sein, dass der Stahl weniger heiß war. Ein kleinerer Bereich mit niedrigerer Temperatur konnte mithilfe von Öl ohne größere Gefahr abgekühlt werden, was zu den Aussagen passen würde. Es war unter anderem Heizer Frederick Barrett, der nach dem Untergang ausgesagt hatte, mit dem Feuer „gekämpft“ zu haben.

Konnte der Druck des im Kesselraum 6 konzentrierten Wassers wirklich stark genug gewesen sein, um die Schottwand zu zerstören? Berechnungen zeigen, dass durch die etwa 13 Meter

hohe Wassersäule in Kesselraum 6 im untersten Bereich des Schotts ein Wasserdruck von nur 1,3 bar gewirkt hat. Die bei Schott „E“ verwendeten Stahlplatten hatten in diesem Bereich eine Dicke von 13 bis 14 Millimeter und wurden, ähnlich wie die Außenhaut, überlappt vernietet. Die Nieten sind hierbei das schwächste Glied der Konstruktion. Da Eisenwerkstoffe empfindlicher auf Zug- als auf Druckbelastungen reagieren, waren jene Stahlplatten eine Schwachstelle, bei der die Nieten durch den Wasserdruck Zugspannung ausgesetzt waren. Doch selbst bei einem Verlust von Dreiviertel der Festigkeit aufgrund des Bunkerfeuers hätten die Nieten noch eine deutlich höhere Belastung als durch die Wassersäule ausgehalten.
Physikalisch gesehen ist also ein Nachgeben der Schottwand aufgrund des Bunkerfeuers nahezu ausgeschlossen. Selbst wenn man annimmt, dass die Schottwand durch das Feuer oder die Kollision des Schiffes mit dem Eisberg verformt war, lässt sich mithilfe von physikalischen und mathematischen Modellen feststellen, dass es selbst bei einem Kollaps von Schott „E“ aufgrund des Brandes keine entscheidenden Änderungen im Sinkverhalten der *Titanic* gegeben hätte.
Das Bunkerfeuer hatte also unbedenkliche Auswirkungen auf die Schottwand und nahm nur kleine Ausmaße an, weshalb der Brand sogar toleriert wurde, als die *Titanic* in Southampton fast sieben Tage vor Anker lag.

2. April 1912: Der Schwelbrand im Kohlebunker glimmte schon, als die *Titanic* Belfast verließ.

Die Titanic. Eine Zeitreise

1906 Bei der Werft Harland & Wolff in Belfast beginnen die Vorarbeiten für den Bau der *Olympic* und *Titanic*.

30. April 1907 Die *Olympic* und *Titanic* werden offiziell bei Harland & Wolff bestellt.

22. März 1909 Kiellegung der *Titanic*

31. Mai 1911 Stapellauf der *Titanic*

14. Juni 1911 Beginn der Jungfernfahrt der *Olympic* ab Southampton nach New York unter dem Kommando von Edward John Smith

20. September 1911 Die *Olympic* kollidiert mit dem Marineschiff *Hawke* in den Gewässern vor Southampton. Die Beschädigungen sind so schwer, dass die Reise abgebrochen werden muss. Es gibt nur ein Dock auf der Welt, das groß genug ist, um die *Olympic* aufzunehmen: das Thompson-Dock in Belfast. Durch die Reparatur der *Olympic* verzögert sich die Fertigstellung der *Titanic*.

31. März 1912 Die *Titanic* wird registriert, ihre Nummer im Schiffsregister lautet 131428.

Die Probefahrt der *Titanic* wird wegen schlechten Wetters verschoben. Man will in dem engen Fahrwasser von Belfast kein Risiko eingehen. Edward John Smith mustert als Kapitän der *Titanic* an. **1. April 1912**

Erfolgreiche Probefahrt der *Titanic* im Belfast Lough. Abends beginnt die Überführungsfahrt nach Southampton. **2. April 1912**

Die *Titanic* verlässt Southampton mittags mit Zielhafen New York. Erster Zwischenstopp am Abend in Cherbourg (Frankreich), wo weitere Passagiere und Post übernommen werden. Die *Titanic* verlässt Cherbourg am Abend mit Kurs auf Irland zum zweiten Zwischenstopp. **10. April 1912**

Zweiter Zwischenstopp in Queenstown, Irland. Weitere Passagiere und Post werden an Bord genommen. Am Nachmittag verlässt die *Titanic* Queenstown mit Kurs auf New York. An Bord sind 1309 Passagiere und 899 Besatzungsmitglieder. **11. April 1912**

21.30 Uhr: Die *Titanic* erreicht gemäß Berechnungen anhand erhaltener Eiswarnungen die Eiszone. 23.40 Uhr: Das Schiff kann einem Eisberg nicht mehr ausweichen. Mit dem Steuerbordbug berührt die *Titanic* den Eisberg. Der Rumpf wird dabei so beschädigt, dass Wasser in das Schiff eindringt. **14. April 1912**

Um 0.15 Uhr funkt die *Titanic* ihren ersten Notruf, um 2.20 Uhr versinkt sie im Atlantik. **15. April 1912**

Lloyd's of London vermeldet den Untergang der *Titanic* und weist auf den vermutlich hohen Verlust an Menschenleben hin. **16. April 1912**

Die White Star Line chartert das Kabelschiff *Mackay-Bennett*. Das Schiff erhält den Auftrag, nach Vermissten zu suchen und Leichen zu bergen. Die *Mackay-Bennett* startet diese traurige Mission ab Halifax (Kanada). **17. April 1912**

18. April 1912 Die *Carpathia* erreicht am Abend New York. Die 712 Überlebenden gehen an Land. Ebenfalls abgesetzt werden die von der *Carpathia* an Bord genommenen Rettungsboote.

19. April 1912 Ein Ausschuss des US-Senats beginnt mit der Untersuchung der Ursachen des Untergangs der *Titanic*. Erster Zeuge ist Joseph Bruce Ismay (Direktor der White Star Line und Passagier der *Titanic*). Als zweiter Zeuge wird Kapitän Arthur Rostron von der *Carpathia* aufgerufen.

2. Mai 1912 In Großbritannien nimmt der Untersuchungsausschuss zum Untergang der *Titanic*, der im Laufe der Jahre als „britischer Untersuchungsausschuss" bekannt wird, seine Arbeit auf.

3. Mai 1912 In Halifax werden die ersten von der Unglücksstelle der *Titanic* geborgenen Leichen beigesetzt.

14. Mai 1912 Premiere des Films „Saved from the Titanic" mit der Schauspielerin und Titanic-Überlebenden Dorothy Gibson in der Hauptrolle.

August 1912

Premiere des deutschen Stummfilms „In Nacht und Eis" in Berlin. Außenaufnahmen und Deckszenen wurden auf dem Dampfer *Kaiserin Auguste Viktoria* von der Hamburg-Amerika-Linie gedreht. In einem Berliner Hinterhof entstanden die Szenen, die im Maschinenraum spielten.

15. April 1913

Die internationale Eispatrouille nimmt am ersten Jahrestag des Untergangs der *Titanic* ihren Dienst auf und beobachtet seitdem zur Sicherheit der Schifffahrt die Eisbewegungen in dem Seegebiet. Die Beobachtungen werden kommuniziert, sodass die Warnungen vor Eis nicht mehr von „Zufallssichtungen" anderer Schiffe abhängig sind.

28. Juli 1916

Mit einer außergerichtlichen Vergleichszahlung der White Star Line in Höhe von 665.000 US-Dollar wird der Untergang der *Titanic* zu den Akten gelegt.

21. November 1916

Die *Britannic*, das jüngere Schwesterschiff der *Titanic*, läuft auf eine Mine und sinkt.

12. Mai 1918

Die *Olympic*, das ältere Schwesterschiff der *Titanic*, rammt und versenkt das deutsche U-Boot U 103.

12. April 1935

Die *Olympic* wird nach fast 24 Jahren im Einsatz außer Dienst gestellt.

12. März 1942

Drehbeginn für den von Propagandaminister Joseph Goebbels beauftragten Film „Titanic". Regisseur ist Herbert Selpin.

November 1955

Walter Lords Buch „A Night to Remember" wird veröffentlicht. Dieses Buch gilt als Beginn der eigentlichen Titanic-Forschung, denn der Autor hat etwas getan, was vor ihm noch kein Publizist zum Thema *Titanic* in dieser Form versucht hat: Er sprach mit vielen Überlebenden, zeichnete ihre Geschichten auf und fasste die gesammelten Tatsachenberichte in einem Buch zusammen.

1958 In England wird der Film zum Buch von Walter Lord gedreht. Der Film heißt wie das Buch „A Night to Remember". Unter den Beratern sind der Vierter Offizier der *Titanic*, Joseph Boxhall. Und auch der Titanic-Überlebende Lawrence Beesley ist bei den Dreharbeiten dabei und darf als Statist wieder in ein Rettungsboot steigen.

1977 Ein Schiff der britischen Marine erstellt Unterseekarten mit den Wegen der Nuklear-U-Boote. Dabei wird ein großes Schiffswrack, das in zwei Teilen zerbrochen ist, in der Nähe der Notrufposition der *Titanic* entdeckt. Die Unterlagen zu dieser Entdeckung sind noch bis 2027 unter Verschluss.

1980–1983 Drei Expeditionen mit dem Ziel, das Wrack der *Titanic* zu finden, bleiben erfolglos.

1. September 1985 Eine franko-amerikanische Expedition unter der Leitung von Jean-Luis Michel und Dr. Robert D. Ballard entdeckt offiziell das Wrack der *Titanic*. Das Schiff liegt in zwei Teile zerbrochen in einer Wassertiefe von 3740 Metern. Die Bugsektion befindet sich auf der Position 41° 43' 57" Nord, 49° 56' 49" West.

Zum ersten Mal besuchen Menschen das Wrack der *Titanic*. Die Tauchexpedition wird mit dem Tauchboot *Alvin* durchgeführt. Zum Einsatz kommt auch der Tauchroboter *Jason Junior*, mit dem Aufnahmen aus dem Schiffsinneren gelingen. **Juli 1986**

Erstmals werden Gegenstände vom Wrack der *Titanic* geborgen. Eingesetzt wird das französische Tauchboot *Nautile*. **Juli–September 1987**

In Hamburg eröffnet in der Speicherstadt die zu der Zeit weltgrößte Titanic-Ausstellung und zeigt Artefakte erstmals in Deutschland. **8. Mai 1997**

In Deutschland wird der Deutsche Titanic-Verein gegründet. **11. Juni 1997**

James Camerons Film „Titanic" läuft in den deutschsprachigen Kinos an. Der Film zeigt den Untergang so realistisch wie keiner zuvor. **8. Januar 1998**

Mit der *Mir 1* und der *Mir 2* werden erstmals zahlende Touristen zum Wrack der *Titanic* gebracht. **9. September 1998**

Millvina Dean, letzte noch lebende Überlebende der *Titanic*, stirbt im Alter von 97 Jahren am 98. Jahrestag des Stapellaufs der *Titanic*. **31. Mai 2009**

Die Tauchkapsel *Titan* der Firma OceanGate mit zahlenden Touristen geht auf dem Weg zum Wrack der *Titanic* verloren. Es beginnt eine tagelange Suchaktion. Alle fünf Insassen sind jedoch schon beim Hinabtauchen gestorben, als die *Titan* implodiert. **18. Juni 2023**

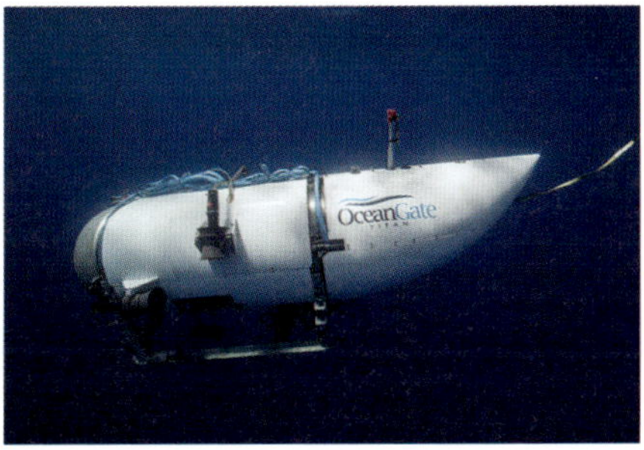

Kurs zu weit nördlich?

Ist die *Titanic* in jener Aprilnacht zu weit nördlich gefahren und war in einer Region unterwegs, in der mit Eis zu rechnen war? Ging der Kapitän eine unnötige Gefahr ein? Darüber wurde nach dem Unglück viel spekuliert.

Kapitän Edward John Smith wählte die für diese Jahreszeit übliche Winterroute, die weiter im Süden verlief als die im Sommer befahrenen Strecken. Während die Ozeandampfer zur warmen Jahreszeit auf kürzestem Weg Richtung Neufundland fuhren, um dann zu den großen Ostküstenstädten hin abzudrehen, steuerten sie während der Kälteperiode einen südlicher gelegenen „Korrekturpunkt“ auf dem Atlantik an. Dort änderten sie die Fahrtrichtung und nahmen Kurs genau nach Westen auf New York.

Da der Kapitän während der Fahrt Eiswarnungen erhalten hatte, verlegte er die Route der *Titanic* sogar nochmals um etwa zehn Seemeilen nach Süden. Trotzdem kam es zu der verhängnisvollen Kollision mit dem Eisberg, der sich viel weiter vom Polarmeer entfernt hatte, als eigentlich zu dieser Jahreszeit zu erwarten gewesen wäre. Smith hatte dennoch unzureichend auf die Warnungen reagiert. Denn wertet man die Eiswarnungen aus, von denen man ausgehen muss, dass sie an Bord der *Titanic* vorlagen, wird deutlich, dass das Schiff mitten in ein Eisfeld hineinfuhr (→„Die ignorierten Eiswarnungen“).

Mindestens einmal korrigierte Kapitän Smith aufgrund von Eiswarnungen seine Route weiter Richtung Süden. Dieser Zeitungartikel vom 15. April 1912 ist noch voller Spekulationen.

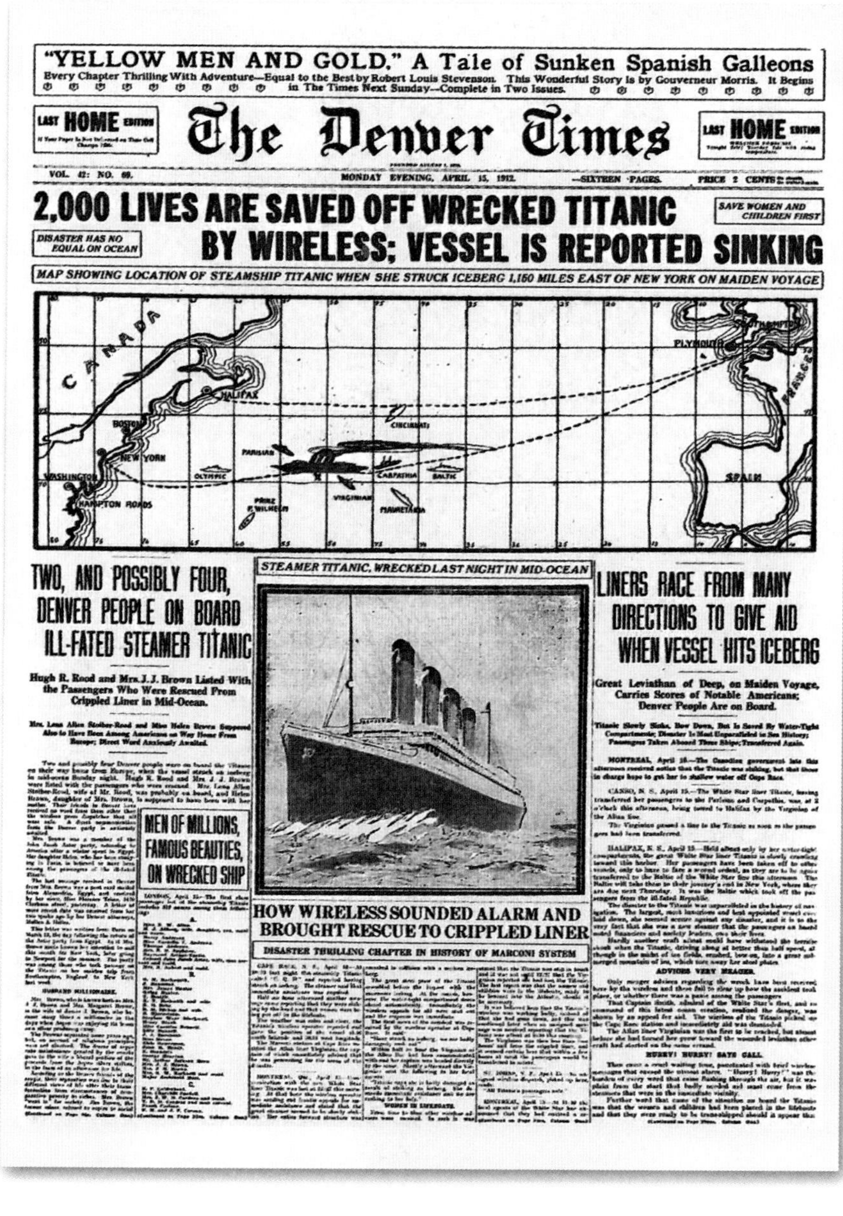
"YELLOW MEN AND GOLD." A Tale of Sunken Spanish Galleons

Every Chapter Thrilling With Adventure—Equal to the Best by Robert Louis Stevenson. This Wonderful Story is by Gouverneur Morris. It Begins in The Times Next Sunday—Complete in Two Issues.

LAST HOME EDITION

The Denver Times

LAST HOME EDITION

VOL. 42: NO. 69. MONDAY EVENING, APRIL 15, 1912. —SIXTEEN PAGES. PRICE 2 CENTS

2,000 LIVES ARE SAVED OFF WRECKED TITANIC BY WIRELESS; VESSEL IS REPORTED SINKING

SAVE WOMEN AND CHILDREN FIRST

DISASTER HAS NO EQUAL ON OCEAN

MAP SHOWING LOCATION OF STEAMSHIP TITANIC WHEN SHE STRUCK ICEBERG 1,150 MILES EAST OF NEW YORK ON MAIDEN VOYAGE

TWO, AND POSSIBLY FOUR, DENVER PEOPLE ON BOARD ILL-FATED STEAMER TITANIC

Hugh R. Rood and Mrs. J. J. Brown Listed With the Passengers Who Were Rescued From Crippled Liner in Mid-Ocean.

MEN OF MILLIONS, FAMOUS BEAUTIES, ON WRECKED SHIP

STEAMER TITANIC, WRECKED LAST NIGHT IN MID-OCEAN

HOW WIRELESS SOUNDED ALARM AND BROUGHT RESCUE TO CRIPPLED LINER

DISASTER THRILLING CHAPTER IN HISTORY OF MARCONI SYSTEM

LINERS RACE FROM MANY DIRECTIONS TO GIVE AID WHEN VESSEL HITS ICEBERG

Great Leviathan of Deep, on Maiden Voyage, Carries Scores of Notable Americans; Denver People Are on Board.

Die ignorierten Eiswarnungen

Hat die Schiffsführung Eiswarnungen ignoriert und die *Titanic* damit sehenden Auges in die Katastrophe geführt? Warum wurde der Kurs nicht ausreichend geändert oder das Schiff gestoppt, wie es andere in jener Nacht in dem Gebiet getan haben?

Nachdem die *Titanic* die erste Eiswarnung erhalten hatte, gab es nachweislich eine kleine Kurskorrektur nach Süden auf der ohnehin schon sicher erscheinenden Südroute. Setzt man die bekannten Funkmeldungen zu einer „Eis-Landkarte" zusammen, wird deutlich, in was für einem gefährlichen Gebiet die *Titanic* unterwegs war. Selten ragte ein Eisfeld soweit südlich in die Routen der Atlantikschiffe hinein.

Die *Titanic* bekam am Untergangstag eine Reihe von Meldungen. Der Titanic-Funker Harold Bride hatte den Untergang überlebt und konnte anschließend befragt werden. Er hielt sich bei den Befragungen auffällig vage. Die Anzahl der Funksprüche an die *Titanic* ist bekannt, aber was geschah damit? Nicht für alle kann diese Frage beantwortet werden.

Am Morgen des 14. April gab die *Caronia* die Positionen gesichteter Eisberge und Eisfelder durch, die etwas nördlich der Titanic-Route lagen. Die Meldung war jedoch zwei Tage alt – das Gesehene war also in den letzten zwei Tagen weiter Richtung Süden gedriftet – in Richtung Titanic-Route. Um 13.42 Uhr meldete sich die *Baltic* mit der Weiterleitung einer Eiswarnung der *Athinai* mit Positionen ähnlich zur *Caronia*. Die Positionen waren aktueller als die der Caronia-Meldung – und tatsächlich: Die Eisberge waren ganz in der Nähe der *Titanic*. Kapitän Smith hielt diese Meldung offensichtlich auch für etwas Besonderes, denn er gab das Telegramm an den Reeder Bruce Ismay weiter. Die nächste Meldung kam von der *Amerika*. Sie meldete ebenfalls Eis und bat die *Titanic* mit dem besseren Funkgerät um Weiterleitung an eine Sammelstelle für solche Warnungen. Um 21.40 Uhr warnte schließlich die *Mesaba* die *Titanic* direkt

vor Eisbergen und Packeis auf ihrer Route. Weniger als eine Stunde vor der Kollision der *Titanic* war die *Californian* in der Leitung. Titanic-Funker Jack Philipps unterbrach die Meldung jedoch und forderte die *Californian* auf, aus der Leitung zu gehen. Offensichtlich erschien ihm das Versenden privater Telegramm-Nachrichten gut betuchter Titanic-Passagiere wichtiger als der Empfang von Eiswarnungen.
Hat Kapitän Smith also Warnungen ignoriert? Es scheint, als ob nach der Meldung der *Baltic* die Funksprüche nicht mehr durchkamen. Entweder blieben sie im Funkraum liegen oder sie gingen nur an die Offiziere auf der Brücke. Der Kapitän hat nur die zwei ersten Eingänge bestätigt – eine Meldung hatte er weitergereicht an Ismay.

Spannend bleibt die Frage, warum die Schiffsführung die Geschwindigkeit des Schiffes in Anbetracht der offensichtlichen Gefahren nicht reduzierte. Dies wollte auch die Untersuchungskommission nach dem Untergang wissen. Die Antwort der Seeleute, die als Experten befragt wurden, mag überraschen: Sie sagten aus, auch sie hätten ihre Fahrt nicht verlangsamt. Es sei eine durchaus übliche Option, Gefahrengebiete schnell zu durchfahren, um sie möglichst rasch hinter sich zu lassen.
Die Entscheidung auf der *Titanic* hatte die bekannten Folgen. Der Kapitän der *Californian* hingegen gab den Befehl zu stoppen und aufs Tageslicht zu warten. Trotz dieser Weitsicht sollte er einer der Sündenböcke für die Titanic-Katastrophe werden (→„Das Schiff, das nicht half“).

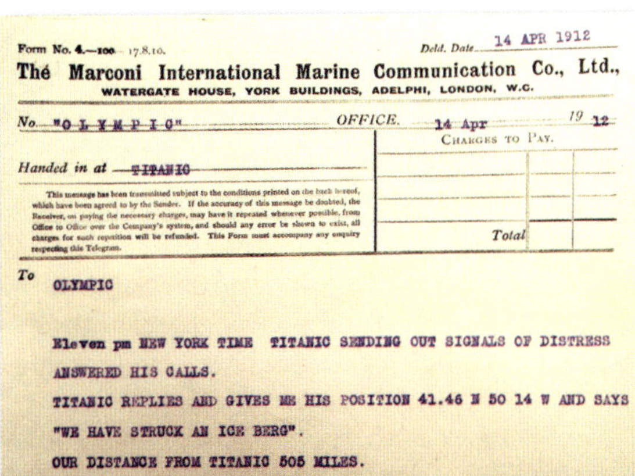
Form No. 4.—100 17.8.10. Deld. Date 14 APR 1912
The Marconi International Marine Communication Co., Ltd.,
WATERGATE HOUSE, YORK BUILDINGS, ADELPHI, LONDON, W.C.

No. "OLYMPIC" OFFICE. 14 Apr 1912

CHARGES TO PAY.

Handed in at TITANIC

This message has been transmitted subject to the conditions printed on the back hereof, which have been agreed to by the Sender. If the accuracy of this message be doubted, the Receiver, on paying the necessary charges, may have it repeated whenever possible, from Office to Office over the Company's system, and should any error be shewn to exist, all charges for such repetition will be refunded. This Form must accompany any enquiry respecting this Telegram.

Total

To OLYMPIC

Eleven pm NEW YORK TIME TITANIC SENDING OUT SIGNALS OF DISTRESS
ANSWERED HIS CALLS.
TITANIC REPLIES AND GIVES ME HIS POSITION 41.46 N 50 14 W AND SAYS
"WE HAVE STRUCK AN ICE BERG".
OUR DISTANCE FROM TITANIC 505 MILES.

Auch die *Olympic* empfing den Notruf der *Titanic.*

Keine Ferngläser an Bord

Ganz im Sinne eines englischen Auktionshauses wurde 2007 erneut die Geschichte verbreitet, dass fehlende Ferngläser im Ausguck der *Titanic* schuld am Untergang waren. Der Schlüssel des Schließfaches, in dem die Ferngläser für die Männer im Krähennest sicher verstaut waren, verschwand versehentlich vor der Abfahrt die *Titanic* – und konnte so später äußerst gewinnbringend versteigert werden.

Doch was ist dran an dieser Behauptung? Fakt ist, dass Reginald Lee und Frederick Fleet, die beiden Männer, die in jener Nacht Schicht im Ausguck hatten, tatsächlich keine Ferngläser zur Verfügung hatten. David Blair war als Zweiter Offizier für diese verantwortlich gewesen. Als er einen Tag vor Beginn der Jungfernfahrt das Schiff verließ, behielt er den Schlüssel für den Schrank mit dem Fernglas versehentlich bei sich. Der Ausguck hatte sich über die fehlenden Ferngläser bereits bei Offizier Charles Lightoller beschwert, der konnte aber keines für sie auftreiben.

Als Fleet den Eisberg am Horizont ausmachte, blieben der Brücke nach dem Läuten der Alarmglocke und der telefonischen Gefahrenmeldung nur rund 45 Sekunden bis zur Kollision. Der überlebende Ausguck Frederick Fleet sagte vor dem Untersuchungsausschuss aus, dass er den Eisberg mit einem Fernglas früher erkannt hätte. Aber wäre das wirklich so gewesen?

Eisberge sind nicht immer hellweiß. Oft sind sie schmutzig, drehen sich und sind dann nahezu durchsichtig. Die Nacht war ruhig und klar. Es war fast Neumond, das heißt, es gab kein Mondlicht, worin sich ein Eisberg im Wasser spiegeln konnte. Lightoller berichtete später, er habe den Nordatlantik noch nie so ruhig erlebt. „Still wie ein Ententeich" sagte er später vor dem Untersuchungsausschuss. Die fehlenden Wellen sorgten dafür, dass sich nichts an ihnen brechen konnte. Die weißen Schaumkronen von sich brechenden Wellen an einem Eisberg hätten die beiden

Dieses Fernglas wurde vom Wrack der *Titanic* geborgen. Hätte es den Untergang verhindern können?

Männer im Krähennest vermutlich gut erkennen können. Bei Wind und Wellen wären Eisberge auch durchs Wasserbrechen hörbar gewesen. Fleet sprach vor dem Untersuchungsausschuss auch von leichtem Nebel. In der Tat kann sich um einen Eisberg leichter Dunst bilden, wenn Luft- und Wassertemperatur stark voneinander abweichen.

Die äußeren Bedingungen waren also denkbar schlecht für den Ausguck. Die britische Untersuchungskommission wollte wissen, was an Fleets Behauptung, mit einem Fernglas hätte er den Eisberg früher gesehen, dran ist und befragte den Polarforscher Sir Ernest Shackleton. Nach seiner Aussage wäre ein Fernglas in jener Nacht nicht sonderlich hilfreich gewesen. Ein Ausguck müsse ein möglichst weites Blickfeld haben – und keinen verengten Fokus wie durch ein Fernglas. Dieses zücke der Seemann erst, um ein ausgemachtes Objekt näher heranzuholen. Diese Praxis hat sich bis in die heutige Seefahrt erhalten, bei der trotz Radar und Satellitenunterstützung immer noch Wachoffiziere ihren Dienst mit Ferngläsern verrichten. Anders als in Spielfilmen suggeriert wird, zücken auch diese es nur bei Bedarf.

Interessanterweise haben alle sechs Ausgucks der *Titanic* den Untergang überlebt – und Lee und Fleet mussten sich Zeit ihres Lebens mit dem Vorwurf konfrontieren lassen, den Eisberg nicht rechtzeitig entdeckt zu haben.

Bis heute lässt sich die Frage, warum der Eisberg so spät gesehen wurde, nicht lückenlos beantworten. Regisseur James Cameron findet in seinem Titanic-Film eine eigene Antwort darauf: Er stellt kurz vor der Kollision ein küssendes Liebespaar aufs Deck, das die beiden Männer ablenkt.

Der Eisberg

Es passt zu schön in die schicksalhafte Geschichte der *Titanic*, dass es nur diesen einen, plötzlich auftauchenden Eisblock gab, den das Schiff ausgerechnet rammen musste. Doch diesen einen Eisberg gab es nicht.

Tatsächlich stützt sich die Annahme des einzelnen Eisbergs vor allem auf die Aussagen des Ausgucks Frederick Fleet, der vorher offiziell keine anderen gesehen haben wollte. Dies scheint sich mit den Berichten von einigen Passagieren zu decken, die nach dem Aufprall kein Eis in der Nähe des Schiffs ausmachen konnten. Auch der Passagier Lawrence Beesley beschrieb dies und begründet die fehlende Sichtung schlichtweg mit der Dunkelheit.

Derselbe Mann schrieb aber später, dass er mit dem Rettungsboot Eisberge umfahren musste. Und auch das Rettungsschiff *Carpathia* musste bei seinem Kurs auf die Untergangsstelle Eisbergen ausweichen. Diese sah Beesley dann auch von Deck der *Carpathia* aus, die sich eine ganze Zeit an der Untergangsstelle aufhielt, um die Titanic-Überlebenden aus den Booten aufzunehmen. Auch der Vierte Offizier Joseph Boxhall, der ein Rettungsboot kommandierte, beschrieb später dieses Szenario genau wie Carpathia-Kapitän Arthur Rostron. Und bekanntlich hatte auch Kapitän Stanley Lord mit seiner *Californian* ganz in der Nähe in jener Nacht aufgrund von Eisbergen gestoppt.

Aufgrund der Eiswarnungen und einer daraus erstellbaren „Eis-Landkarte" ergibt sich, dass die *Titanic* von Eis umzingelt gewesen sein muss. Dafür spricht auch die Tatsache, dass die Rettungsboote, die Eisberge umfahren mussten, keine nennenswerten Entfernungen hinter sich gebracht hatten, nachdem die *Titanic* gesunken war. Sie wussten, dass sie in der Nähe des Untergangsorts auf die *Carpathia* und gegebenenfalls andere Schiffe zu warten hatten. Und in den Stunden nach dem Untergang waren die Eisberge den gleichen Strömungen ausgesetzt wie die Rettungsboote.

Auch wenn der Künstler dieser Postkarte sehr fantasievoll agierte:
Dass es in der Nähe der sinkenden *Titanic* Eisberge gab, ist sehr wahrscheinlich.

Die *Titanic* war übrigens kein Einzelfall. Es gab auch andere Schiffe, die im Jahr 1912 mit Eisbergen kollidierten. Die *Niagara* streifte am 11. April zwei Eisberge – weniger als zehn Meilen von der Stelle entfernt, an der die *Titanic* mit einem Eisberg kollidierte. Sie wurde unterhalb der Wasserlinie an zwei Stellen aufgeschlitzt. Die Pumpen konnten jedoch verhindern, dass das Schiff sank. Der Schoner *Bonus* kollidierte am 21. Mai auf der Route von Bay Roberts nach Sydney (Kanada) mit einem Eisberg. Das Schiff wurde teilweise beschädigt. Die *Manchester Inventor* wurde im Juli von Montreal aus kommend in der Belle-Isle-Straße von einem Eisberg beschädigt, und war mit vollgelaufenem Laderaum 1 und gefluteter Vorpiek in den Hafen von St. John‘s eingelaufen. Der Schoner *Seven Sisters* war am 2. August nach der Kollision mit dem Eisberg gesunken. Die Mannschaft konnte sich retten. Auch die *Corsican* kollidierte am 12. August in der Belle-Isle-Straße auf dem Weg von Montreal nach Liverpool mit einem Eisberg. Bei der Kollision wurde zwar der Bug beschädigt, ein schwerwiegendes Leck entstand jedoch nicht.

AHA!

Kommando: Volle Kraft zurück!

Diese Glocke läutete das Unglück sprichwörtlich ein. Sie wurde 1987 vom Wrack der *Titanic* geborgen.

Am 14. April gegen 23.40 Uhr Bordzeit versuchte die *Titanic* einem Eisberg auszuweichen. Nach gängiger Lesart verlief das Manöver wie folgt: Der Erste Offizier William McMaster Murdoch befahl nach dem alarmierenden Glockenschlag des Ausgucks dem Rudergänger Robert Hichens, das Ruder hart backbord zu legen, signalisierte dem Maschinenraum die Maschinen zu stoppen und auf volle Kraft zurück zu gehen. Das Ergebnis ist allseits bekannt: Das Manöver schlug fehl, die *Titanic* touchierte den Eisberg auf der Steuerbordseite.

Das beschriebene Ausweichmanöver ist jedoch nicht nur unsinnig, zeitintensiv und technisch anspruchsvoll – auch keiner der Überlebenden hat Beobachtungen gemacht, die hierzu passen. Steuert ein Schiff mit der Länge der *Titanic* auf einen Gegenstand zu, dem es ausweichen will, würde es die Maschinen nicht versuchen, rückwärts laufen zu lassen. Dies würde zu viel Zeit in Anspruch nehmen, da man die mit voller Drehzahl vorwärts laufenden Kolbendampfmaschinen zunächst anhalten müsste, weil man sie erst dann in die Gegenrichtung umsteuern könnte. Wenn man die Geschwindigkeit des Schiffes im Wasser reduziert, würde man sich damit zudem auch einen Teil der wichtigen Manövrierfähigkeit nehmen. Auf der *Titanic* wäre dies noch dadurch verstärkt worden, dass das Ruder hinter dem mittleren Propeller verbaut war, der sich gar nicht rückwärts drehen konnte.

Da offiziell zwischen Sichtung des Eisberges und der Kollision nur etwa 45 Sekunden lagen, hat Offizier Murdoch sicherlich schon deswegen nicht dieses Kommando gegeben. Ein weiteres Indiz gegen das angebliche Manöver sind die Aussagen der Überlebenden – besser gesagt die nicht vorhandenen Aussagen. Die Kollision selbst wurde von relativ wenigen Menschen überhaupt wahrgenommen und deren Beschreibungen sind meist wenig spektakulär. Geht man davon aus, dass die *Titanic* kurz vor der Kollision mit über 21 Knoten Fahrt unterwegs war, hätten die Menschen an Bord etwas von einem harten Ruderkommando oder dem Rückwärtslaufen der Maschinen mitbekommen müssen. Auch die starken Vibrationen, die durch das Anhalten und Rückwärtslaufen der Maschinen verursacht worden wären, hätten bemerkt werden müssen. Die Passagiere waren hingegen so an das gleichmäßige Stampfen der Maschinen gewöhnt, dass viele von ihnen erst dann aufwachten, als die Hauptmaschinen für immer stoppten.

Es ist also viel wahrscheinlicher, dass Offizier Murdoch, wie aus dem Lehrbuch, statt „volle Kraft zurück" ein sogenanntes „Porting Around"-Manöver fahren wollte. Dann hätte er versucht, nachdem die Matrosen im Ausguck einen Eisberg meldeten, die *Titanic* zunächst nach links zu steuern, um dem Hindernis auszuweichen, um kurz danach das Steuer nach rechts umzulegen, um zu ver-

Das Ausweichmanöver des Ersten Offiziers William McMaster Murdoch scheiterte.

hindern, dass das Heck des 269 Meter langen Schiffs den Eisberg touchierte. Murdoch war ein erfahrener Seemann und kannte die Manövrierfähigkeit der *Titanic*, da er zuvor auf der *Olympic* im Einsatz war.

Vermutlich kurz nach der Kollision wurden die großen Schotttore per Knopfdruck von der Brücke geschlossen, die kleineren mussten per Hand zugekurbelt werden. Wenn er nicht schon auf der Brücke war, was angesichts der gefährlichen Lage durchaus angebracht gewesen wäre, betrat Kapitän Smith kurz nach dem Aufprall die Brücke. Er schickte den Vierten Offizier Joseph Boxhall zur Inspektion ins Vorschiff und ließ das Schiff währenddessen mit halber Kraft voraus weiterfahren. Lawrence Beesley, ein Passagier der zweiten Klasse, bemerkte die Wiederaufnahme der Fahrt und beschrieb, sie habe sich beruhigend auf die Passagiere ausgewirkt, die die Stille irritiert habe. Als Boxhall auf der Brücke meldete, dass er keine konkreten Schäden feststellen konnte, die auf Wassereinbruch hinweisen, gingen bereits Nachrichten von Heizern und den Postbediensteten ein, die von eindringendem Wasser berichteten. Smith befahl „Maschinen stopp".

Ob Thomas Andrews, Chefkonstrukteur von Harland & Wolff und auf der Jungfernfahrt als Teil der Garantiegruppe ebenfalls an Bord, von allein auf die Brücke kam oder nun gerufen wurde, ist nicht bekannt. Er und Smith machten sich jedenfalls selbst ein Bild von den Schäden und stiegen hinab in den Schiffsbauch. Andrews fällte sein Urteil: Die *Titanic* war verloren, er gab ihr noch rund zwei Stunden. Die für die eindringenden Wassermassen nicht ausgelegten Pumpen konnten den Untergang nicht mehr aufhalten, höchstens ein paar Minuten verzögern. Tatsächlich konnte sich die *Titanic* zwei Stunden und 40 Minuten über Wasser halten. Die ruhige See, die zuvor das Sichten des Eisberges erschwert hatte, sorgte nun für nahezu bilderbuchmäßige Bedingungen für die Evakuierung.

Um 0.05 Uhr Bordzeit am 15. April 1912 erging der Befehl, die Rettungsboote klar zu machen und die Mannschaft und Passagiere zu informieren. Offiziell wurde zunächst von einer Sicherheitsübung gesprochen, niemand müsse sich ernsthafte Sorgen machen. Auf der Brücke war klar: Die Rettungsboote würden nur für ungefähr die Hälfte aller Menschen an Bord reichen, eine Panik war das Letzte, was man jetzt gebrauchen konnte.

Um 0.15 Uhr betrat Kapitän Smith den Funkraum und gab den Befehl, um Hilfe zu funken.

Oft wird angenommen, dass das Ausmaß der Schäden und deren Konsequenzen schnell klar gewesen sein muss. In Wirklichkeit scheint das abschließende Urteil und der Entschluss zur Evakuierung erst gegen 0.30 Uhr gefallen zu sein – das erste Rettungsboot verließ die sinkende *Titanic* erst um 0.40 Uhr.

Nachher ist man immer schlauer – so könnte das Urteil über das Manöver lauten, das der Erste Offizier an Bord, William McMaster Murdoch, durchführte.

Was hätte Murdoch auch anderes tun sollen? Hätte er die *Titanic* frontal in den Eisberg gesteuert, wie spätere Kommentatoren des Unglücks vorschlugen, wäre das Schiff wahrscheinlich nicht gesunken. Vermutlich hätten sich dann lediglich zwei bis drei Kammern mit Wasser gefüllt. Doch mehrere Hundert Tote wären auch bei diesem Manöver mit Sicherheit zu beklagen gewesen – und wahrscheinlich hätte jeder nachher gefragt, warum der Offizier nicht versucht hatte, auszuweichen.

Beinahe hätte sein Manöver ja auch geklappt. Und wäre die Eisberg-Meldung des Ausgucks nur ein wenig früher erfolgt, hätte die *Titanic* das Hindernis wohl problemlos umfahren.

THE SPHERE

AN ILLUSTRATED NEWSPAPER FOR THE HOME

London, April 20, 1912.

THE GREATEST WRECK IN THE WORLD'S MARITIME HISTORY—THE LOSS OF THE "TITANIC"

Diese Zeitungscollage zeigt den Zusammenstoß der *Titanic* mit einem Eisberg.

Aufgeschlitzt wie eine Konservendose

Schon kurz nach dem Untergang verbreitete sich der Irrglaube in der Presse, dass nur ein gewaltiger Riss ein Schiff in der Größe der *Titanic* zum Sinken gebracht haben konnte. Man ging von einer durchgehenden Beschädigung von 90 bis 100 Metern Länge aus und es kursierten dementsprechende Bildcollagen.

Natürlich hatte der Eisberg nicht eine Beschädigung solchen Ausmaßes hervorgerufen – vermutlich wäre die *Titanic* sonst sehr schnell gekentert. Die Sinkzeit zwischen 23.40 Uhr und 2.20 Uhr lässt Rückschlüsse auf die Beschädigung zu. Und die einbrechende Wassermenge lässt sich anhand der technischen Daten und der Aussagen der Augenzeugen berechnen. Die Sinkgeschwindigkeit beschleunigte sich erst nach 1 Uhr merklich. Die Wassereinbrüche verstärkten sich, mit dem Absinken des Buges tauchten die Ankerklüsen ein, was zu einer rapiden Beschleunigung der Sinkgeschwindigkeit um das Doppelte führte. Eine halbe Stunde später erreichte das Wasser bereits das vordere Bootsdeck. Diese Berechnungen erstellte Schiffsbauingenieur Edward Wilding schon 1912 für den britischen Untersuchungsausschuss. Er kam zu dem Ergebnis, dass das ursprüngliche Leck nur circa einen Quadratmeter groß gewesen war.

Tatsächlich lagen die Schäden auf circa 90 Meter Länge – auf die ersten fünf Schottkammern verteilt, aber nicht als durchgehender Riss. Dies ist auch so am Wrack nicht erkennbar. Die beschädigten Schiffsteile liegen zwar heute im Sediment des Meeresbodens vergraben, aber Untersuchungen mithilfe von Sonartechnik konnten sie dennoch aufspüren. Die Risse, die man heute bei Expeditionen mit bloßem Auge an der Rumpfstruktur erkennen kann, sind aber entweder während des Untergangs oder beim Aufprall auf dem Meeresboden entstanden.

Der *Titanic* wurde hingegen ihre Niet-Konstruktion zum Verhängnis. Die Nähte der überlappenden Stahlplatten, die mit Nieten miteinander verbunden waren, wurden durch die Kollision nach innen eingedrückt. Die Nietköpfe hielten diesem Druck in diesem Bereich nicht stand und platzten regelrecht ab. Durch die nun entstandenen Lücken zwischen den Stahlplatten, zusammengerechnet nicht viel größer als eine aufgeschlagene Tageszeitung, konnte nun das Wasser eindringen.

Lange stand die Behauptung im Raum, ein gewaltiger Riss habe die *Titanic* zum Sinken gebracht.

Eine Frage der Klasse

Es gehört zu den gängigen Annahmen der Titanic-Geschichte, dass die Passagiere der dritten Klasse aktiv daran gehindert wurden, während des Untergangs das Bootsdeck zu erreichen. Von verschlossenen Türen oder zugezogenen Gittertoren ist dann die Rede, hinter denen die Menschen regelrecht weggeschlossen waren. In zahlreichen Büchern beschrieben und in fast allen Verfilmungen so dargestellt, hat sich diese Annahme zu einem allseits anerkannten Fakt entwickelt.

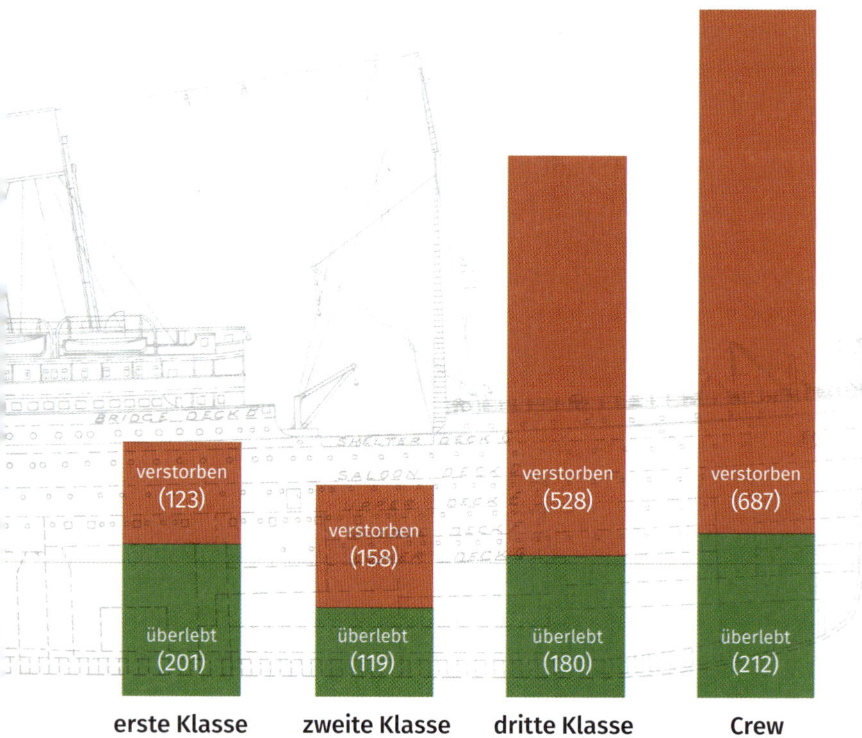

Die Übersicht zeigt, dass Crewmitglieder mit Abstand die schlechtesten Überlebenschancen aller Menschen an Bord hatten – dicht gefolgt von den Passagieren der dritten Klasse.

Der erste Blick auf die Zahlen lässt diese Schlussfolgerung dann aber gar nicht mehr so eindeutig erscheinen: Knapp 70 Prozent der Männer aus der ersten Klasse ertranken, aus der dritten Klasse waren es 85 Prozent. Und: Es haben mehr Frauen und Kinder der dritten Klasse überlebt als Männer der ersten Klasse. Allerdings waren es doch 140 von 144 Frauen der ersten Klasse, die in ein Rettungsboot gelangen konnten. Aus der zweiten Klasse waren es noch 80 von 93 und in der dritten Klasse überlebten nur noch 76 von 165. Bestätigen diese Zahlen dann also doch den Mythos vom „Einsperren" der dritten Klasse?

Der britische Untersuchungsausschuss kam 1912 offiziell zu dem Ergebnis, dass bei der Rettung der Passagiere die Reisenden der dritten Klasse nicht diskriminiert worden seien. Die Angelegenheit war damit für den Ausschuss abgehakt. Auch die amerikanische Untersuchung hatte sich mit dieser Frage beschäftigt. So wurde John Hardy, der Chefsteward der zweiten Klasse, gefragt, warum beim Bemannen der Boote nicht genügend Leute da waren. Er wusste es nicht, vermutete aber, dass viele noch unter Deck gewesen seien. Glaubten vielleicht gerade in der dritten Klasse viele Passagiere an die angebliche Unsinkbarkeit der *Titanic*?

Abgesehen von den ungeschriebenen Gesetzen der edwardianischen Klassengesellschaft, die eine strikte Trennung der Klassen forderten, und dem Prinzip, Mitgliedern der höheren Gesellschaft den Vortritt zu lassen, mussten die Reisenden der dritten Klasse aufgrund von Einwanderungsbestimmungen der USA von den übrigen Klassen streng separiert werden. Diese Bestimmung galt auf allen Schiffen, die Häfen in Amerika anliefen, und sollte eine Verbreitung von Krankheiten über das ganze Schiff verhindern. Unterschiedliche Gänge, Treppenhäuser und Räume der dritten Klasse, die sich tief im Schiffsbauch befanden, waren die Folge. Auf der *Titanic* war die Verteilung noch etwas komplizierter, da man die allein reisenden Männer vorne im Bug von den allein reisenden Frauen und Familien im Heck trennte. Lawrence Beesley, Passagier der zweiten Klasse, beschrieb das Schiff und

Für Passagiere der dritten Klasse war der Weg zum Bootsdeck lang und verwinkelt.

erwähnte dabei, wie kompliziert es sei, für Kabinenbewohner des F-Decks das obere Bootsdeck zu erreichen. Seiner Ansicht nach war es eine anspruchsvolle Aufgabe für jemanden, der sich auf dem Schiff nicht so gut auskannte. Da nur drei männliche Passagiere aus der dritten Klasse beim amerikanischen Untersuchungsausschuss vernommen wurden, stammen die überlieferten Berichte von Dritte-Klasse-Passagieren im Wesentlichen aus Zeitungsinterviews, privaten Briefen und Erzählungen sowie Befragungen des Autors Walter Lord aus den frühen 1950er Jahren. Und genau aus diesem Grund sind sie mit Vorsicht zu genießen. Um Diskriminierungen zu vermeiden, berichteten zum Beispiel einige überlebende Männer anschließend von ihrer Rettung durch einen Sprung ins eiskalte Wasser.

Fakt ist: Die Passagiere der dritten Klasse hatten über ihre Haupttreppe jederzeit und auch in der Untergangsnacht Zutritt zum C-Deck und ihrem offiziellen Promenadenbereich im Heck. Ebenfalls im Heck befanden sich auch der Aufenthaltsraum und der Rauchsalon für die dritte Klasse. Zahlreiche Passagiere sind zum C-Deck hochgestiegen, um in der Wärme der Aufenthaltsräume oder draußen zu warten.

Bei der Planung der *Olympic* und *Titanic* hatten die Schiffsarchitekten auch spezielle Rettungswege eingeplant, die jeweils zum Bootsdeck führten. Diese Wege waren besonders für die Dritte-Klasse-Passagiere gedacht, die keinen offiziellen Zutritt zum Bootsdeck hatten, aber auch für Passagiere der ersten und zweiten Klasse, die ihre Kabinen auf dem D- und E-Deck hatten. Diese Notfallrouten führten zum Teil über zahlreiche Treppen und Leitern und waren so für kleine Kinder, ältere oder in ihrer Beweglichkeit eingeschränkte Menschen nur schwer zu bewältigen. Da es für diese Wege keine Kennzeichnung als Rettungswege zum Bootsdeck gab, sollten im Notfall Besatzungsmitglieder, wie zum Beispiel Stewards, die Passagiere führen.

In der Nacht des 14. April 1912 führte zwar der eine oder andere Steward Gruppen von Passagieren zum Bootsdeck, als organisierte Evakuierung der dritten Klasse kann man diese Bemühungen allerdings wohl nicht bezeichnen. Trotz der Beschränkungen an den wichtigsten Zugängen zur zweiten Klasse, fanden Passagiere der dritten Klasse übrigens teilweise auch eigene Wege durchs Schiff zum Bootsdeck, die so nicht von den Erbauern beabsichtigt waren.

Oft wird angenommen, dass die Passagiere der dritten Klasse zusätzlich durch eine Sprachbarriere benachteiligt waren, denn viele konnten sich nicht mit der Besatzung verständigen oder lesen, was auf den Schildern stand, um eigenständig einen Weg zum Bootsdeck zu finden. Während die Mehrheit der Passagiere der ersten und zweiten Klasse aus dem englischen Sprachraum stammte, mischten sich in der dritten Klasse viele Nationalitäten und Sprachen. Neben den skandinavischen konnte man viele osteuropäische Sprachen, aber auch Arabisch, Italienisch et cetera hören. Die Anzahl der Überlebenden mit Englischkenntnissen liegt jedoch nur geringfügig über der der Überlebenden ohne Englischkenntnisse. Von einer Benachteiligung aufgrund von Sprachproblemen kann also nicht ausgegangen werden.

Die Situation unter Deck darf man sich nicht vorstellen, wie es in der Mehrheit der Titanic-Spielfilme zugunsten der Dramatik dargestellt wird. Fast ausnahmslos alle Filme zeigen Szenen, in denen große Mengen von Passagieren in schmalen Aufgängen vor verschlossenen und bewachten Gittern stehen und warten beziehungsweise darum bitten, durchgelassen zu werden. Auch die Aufenthaltsräume werden in den meisten Spielfilmen, im Gegensatz zu den realen Verhältnissen auf der *Titanic*, so dargestellt, als ob sie am Fuß einer mehr oder minder schmalen Treppe liegen. In den Szenen, die sich mit der Evakuierung befassen, stehen Besatzungsmitglieder am oberen Absatz oder am Fuß dieser Treppen und geben einer aufgeregten und klagenden Menge die Anweisung, Ruhe zu bewahren und abzuwarten. Mit der Realität haben diese Szenen rein räumlich wenig zu tun.

Der Befehl „Frauen und Kinder zuerst" und vor allem die strikte Auslegung „nur Frauen und Kinder", die auf der Backbordseite praktiziert wurde, hat nicht nur vielen der Männer das Leben gekostet, sondern auch Frauen und Kindern. Gerade in der dritten Klasse reisten viele Familien. Viele von ihnen mit mehreren Kindern waren zurückblieben und kamen um, weil dem Vater und/oder Jungen im Teenageralter der Zugang verwehrt wurde und die Familie zusammenbleiben wollte. Ein Reisender auf den Schiffen der White Star Line galt mit dem Erreichen des zwölften Geburtstags als erwachsen. Dies bedeutete zuerst einmal, dass der volle Fahrpreis zu bezahlen war. Für ein zwölfjähriges Mädchen änderte sich darüber hinaus nichts, für Jungen ab zwölf Jahre hieß dies aber, dass er in den Augen der Besatzung keinen Anspruch auf einen Platz im Rettungsboot hatte. Es wurde erwartet, dass er als „Mann" seinen Platz einer Frau oder einem jüngeren Kind zur Verfügung stellte.

Gibt es wirklich konkrete Hinweise, dass die dritte Klasse unter Deck eingesperrt wurde? In der Untergangsnacht war es die Pflicht der Besatzung, alle Türen und Gitter zu öffnen. Beim britischen Untersuchungsausschuss wurde Vollmatrose John Poingdestre über Gitter in der dritten Klasse befragt. Er sagte aus, dass nicht alle Gitter geöffnet gewesen wären beziehungsweise er hätte keine gesehen, die geöffnet waren. Auch die Finnin Elin Hakkarainen, deren Kabine im Heck des Schiffes lag, berichtete von Gittern am Ende ihres Korridors, die nach der Kollision geschlossen wurden. Ein Blick auf die Deckpläne verrät jedoch, dass es gar keine Gittertore gab, die den Passagieren der dritten Klasse den Weg zum Bootsdeck hätten versperren können. Im Bugbereich gab es Gittertore, die die Postsortierräume abgrenzten, im Heckbereich waren es Vorratsräume und der Crewbereich.

Zu behaupten, die Dritte-Klasse-Passagiere wären genauso behandelt worden wie die Passagiere der höheren Klassen, fällt dennoch schwer, auch wenn die beiden Anhörungen in den USA und England zu diesem Urteil gekommen waren. Dies kann sich eigentlich nur auf die Dritte-Klasse-Passagiere beziehen, die es geschafft hatten, rechtzeitig zum Bootsdeck zu gelangen. Stand ein Dritte-Klasse-Passagier für ein Rettungsboot an, wurde er allem Anschein nach genauso behandelt wie die Passagiere der ersten und zweiten Klasse. Auf der anderen Seite haben vermutlich zahlreiche Passagiere zu lange die Gefahr auf dem vermeintlich unsinkbaren Schiff unterschätzt und mögliche Chancen, sich zu retten, verschenkt, bis es zu spät war.

Gittertore wie diese in der Titanic-Ausstellung in Orlando (Florida, USA), die die Passagiere der dritten Klasse daran hinderten, zum Bootsdeck zu gelangen, gab es nicht.

CQD oder SOS?

Kapitän Smith kam nach der Eisbergkollision gegen 0.05 Uhr Bordzeit in die Funkerkabine und wies die beiden Funker Jack Philipps und Harold Bride an, unter Nennung der Position und der Information, dass die *Titanic* sinke, um Hilfe zu funken.

Dabei war die *Titanic* nicht das erste Schiff, das jemals den Morsecode „SOS" verwendet hat, wie es oft behauptet wird. Dies scheint auch unrealistisch, war dieser Code doch schon vier Jahre zuvor eingeführt worden. 1912, in der Zeit des Übergangs zwischen zwei Notrufkürzeln, war auch der Code „CQD" noch in Gebrauch, wurde aber nach und nach durch das leichter zu funkende „SOS" abgelöst. Zunächst verwendete die *Titanic* nur das alte „CQD", erst als Smith nochmal in den Funkraum kam, schlug Bride vor, auch neuere „SOS"-Codes zu funken. Bei den Phrasen „Come Quickly Danger" für „CQD" und „Save Our Souls" für SOS" handelt es sich übrigens um nette Eselsbrücken, nicht aber um tatsächliche Abkürzungen dieser Funkcodes.

Um 0.15 Uhr ging der erste Notruf der *Titanic* mit Position raus, um 0.18 Uhr antwortete die *Frankfurt:* „Okay, bitte warten". Sie gab ihre eigene Position dabei nicht an. Um 0.35 Uhr antwortete die *Carpathia*, danach wieder die *Frankfurt*. Der deutsche Funker schien etwas begriffsstutzig. Jack Philipps bestätigte auf Nachfrage noch einmal, dass die *Titanic* mit einem Eisberg kollidiert war und Hilfe braucht. Die *Frankfurt* fragte dennoch wieder: „Was ist los bei euch?" Philipps Reaktion sollte in die Geschichte eingehen: Er beschimpfte den Funker der *Frankfurt* als Idioten und forderte ihn auf, aus der Leitung zu gehen, um andere Meldungen nicht zu stören. Die *Frankfurt* meldete sich dann nicht mehr, nahm aber Kurs auf die *Titanic*. Die *Virginian* empfing um 2.12 Uhr den letzten Notruf der *Titanic*. Die *Frankfurt* traf erst um 10.50 Uhr an der Unglücksstelle ein. Die *Carpathia* war bereits gegen 4 Uhr vor Ort.

POPULÄRER IRRTUM

Die falsche Farbe

Wurden die Raketen, die die *Titanic* in der Unglücksnacht abfeuerten, nicht als Notsignal erkannt? Hatten sie gar die falsche Farbe?

Zwischen 0.45 Uhr und 1.20 Uhr Bordzeit schoss die Crew der *Titanic* alle fünf Minuten Raketen in den Nachthimmel, um zusätzlich zu den Notrufen per Funk auf sich aufmerksam zu machen. Manchmal wird behauptet, dass diese Raketen die falschen Farben hatten und mindestens ein Schiff in der Nähe nicht reagiert habe, weil es dachte, auf der *Titanic* wird eine Party gefeiert.

Fakt ist: Raketen auf See waren schon immer Notsignale. Die Überlebenden sprachen später von weißen Raketen, die Farbe spielte jedoch gar keine Rolle. Es gab hierzu schlichtweg keine Vorschriften.

Dazu passt auch eine Passage, die der Passagier Lawrence Beesley später in seinem Überlebensbericht notierte: „Und mit einem erschrockenen Seufzer entkam den Lippen der Menge ein einziges Wort: Raketen. Jeder wusste, was Raketen auf See bedeuten."

New York American

J. J. ASTOR LOST ON TITANIC

1.500 TO 1.800 DEAD

John Jacob Astor was among the passengers who went down with the ship, according to a wireless dispatch received by Bradstreets last night from the liner Olympic. Mrs. Astor was saved and is being brought to shore by the Carpathia.

The Wireless Operator at Cape Race, Newfoundland, Flashes: "Eighteen Hundred Lives Have Been Lost in the Wreck of the Titanic."

Zeitungen wie diese vom 16. April 1912 titelten mit dem Untergang der *Titanic*.

Dieses Zeitungsfoto zeigt die *Californian* am Morgen des Untergangs von der *Carpathia* aus.

Das Schiff, das nicht half

Zu den Sündenböcken der Titanic-Tragödie zählt zweifelsohne die Besatzung der *Californian*. In der Nacht des Untergangs schätzte sie die brenzlige Lage der *Titanic* falsch ein und der Funker verschlief gar die Notrufe.

Der 6000-Tonnen-Dampfer *Californian* war bereits elf Jahre alt, hatte eine Höchstgeschwindigkeit von nur 13 Knoten und 55 Mann Besatzung. Kapitän Stanley Lord, 35 Jahre alt, nahm die Eiswarnungen ernst, die ihn während des Tages erreicht hatten. Der Ausguck wurde daraufhin von ihm verstärkt. Nachdem diese Eisberge erkannt hatten, war Lord das Risiko zu groß und gab den Befehl, die *Californian* bis zum Morgengrauen zu stoppen. Um 23.30 Uhr schaltete der Funker seinen Apparat ab und legte sich in seine Koje, der Kapitän tat es ihm gegen null Uhr gleich. Bis hier hin könnte dies die Geschichte eines besonnenen Mannes sein, der alles richtig gemacht hat.

Was er nicht ahnte: In der gleichen Nacht rammte die *Titanic* einen Eisberg und brauchte dringend Hilfe ...

Der Dritte Offizier Charles Groves gab später an, in der Ferne kurz nach 23 Uhr ein voll beleuchtetes Schiff gesehen zu haben, er vermutete einen großen Passagierdampfer. Gegen 23.40 Uhr, so seine Wahrnehmung, löschte das Schiff seine Deckbeleuchtung

FIVE CENTS.

CALIFORNIAN REFUSED TO AID THE TITANIC

Distress Rockets Plainly Visible at the Time, Says Engineer.

CAPT. LORD MAKES DENIAL

Schnell wurde der Crew der *Californian* eine Mitschuld am Verlust von fast 1500 Menschenleben unterstellt.

– das wäre zu dieser Zeit durchaus üblich gewesen. In Wahrheit verschwanden die Lichter vermutlich, weil sich die *Titanic* vom Eisberg wegdrehte. Der Offizier der *Californian* vermutete, das Schiff müsste um die 20 Seemeilen entfernt gewesen sein. Tatsächlich muss die Entfernung kürzer gewesen sein, damit Groves die Lichter noch mit dem bloßen Auge erkannt haben konnte. Auch von Bord der sinkenden *Titanic* wurden in der Ferne Lichter eines anderen Schiffes wahrgenommen. Ernest Gill, Heizer der *Titanic*, schätzte, dass die Lichter nicht mehr als zehn Seemeilen entfernt gewesen sein konnten.

Ab 0.45 Uhr nahm Herbert Stone, Zweiter Offizier der *Californian*, Raketen wahr. Stone sagte später vor dem britischen Untersuchungsausschuss, dass er sich wunderte, dass sie nicht sehr weit in die Luft hinauf-

Californian-Kapitän Stanley Lord wurde bei den Untersuchungsausschüssen eine Teilschuld zugesprochen.

gestiegen waren. Er wies den Matrosen James Gibson an, per Leuchtsignal zu dem anderen Schiff Kontakt aufzunehmen – ohne Erfolg. Stone meldete die Raketen pflichtgemäß seinem Kapitän – Lord aber blieb in seinem Bett liegen. Von der Brücke aus zählte man derweil weiter die Raketen – alle fünf Minuten eine, insgesamt acht Stück. Nach der letzten Rakete wurde Lord erneut Bericht erstattet, erneut gab es keine erkennbare Reaktion. Da Leuchtraketen auf See immer schon ein Notsignal waren, ist auch heute noch die Reaktion unverständlich. Auch auf die Idee, den Funker zu wecken, kam niemand. Bis heute ist unklar, in welcher Entfernung sich die *Californian* wirklich zur *Titanic* befand, durch die optischen Sichtungen war sie aber vermutlich so dicht dran, dass sie den Menschen auf dem sinkenden Schiff rechtzeitig zur Hilfe hätte kommen können.

Oder gab es noch ein drittes Schiff in der Mitte, das von der *Californian* und der *Titanic* wahrgenommen wurde? Schon 1912 gab es das Gerücht eines „Geisterschiffes“, das wenige Seemeilen entfernt gewesen sein könnte. Dieses soll plötzlich aufgetaucht sein, um dann genauso abrupt wieder zu verschwinden. Wertet man die Aussagen der Überlebenden aus, wechselte es ständig die Position, die Größe und die Richtung. Auch Titanic-Offizier Joseph Boxhall wollte es von der Brücke gesichtet haben und schätzte, dass die Lichter, die er durchs Fernglas sah, etwa fünf Seemeilen entfernt lagen. Kapitän Smith soll daraufhin das Anschießen von Raketen und Scheinwerfersignale befohlen haben, auf die es keine erkennbaren Reaktionen gab.

Im Rettungsboot saß unter anderem der Passagier Lawrence Beesely. Er beschreibt, wie er glaubte, am Horizont immer wieder ein anderes Schiff auszumachen, auf das sein Rettungsboot im Zickzackkurs zusteuerte, bis das andere Schiff abdrehte und verschwand.

Ob es dieses dritte Schiff jemals gegeben hat? In den 1960er Jahren legte der norwegische Kapitän Hendrik Naess ein Geständnis ab: Er sei mit seinem Fischerboot illegal auf Robbenfang gewesen und deswegen klammheimlich verschwunden. Ob dies Seemannsgarn ist oder nicht, lässt sich wohl nie aufklären.

AHA!

Keine Panik auf der Titanic

Bei dem Gedanken an das dramatische Schiffsunglück stellen sich viele panische Menschenmassen auf der *Titanic* vor, die hilflos umherirren. Tatsächlich setzte die Todesangst bei den allermeisten Menschen verhältnismäßig spät ein, nämlich erst dann, als die Boote langsam zur Neige gingen und jedem an Bord klar sein musste, dass die *Titanic* wirklich sank.

Der Passagier Lawrence Beesley betonte, dass nach dem Zusammenstoß des Schiffes mit dem Eisberg keinerlei Anzeichen von Panik oder Hysterie zu erkennen gewesen seien – niemand habe irgendeine Art von Gefahr verspürt. Die Kollision selbst hatte kaum einer bemerkt und die See war absolut still. Auch die Mannschaft handelte, ganz im Sinne des Kapitäns, besonnen und ruhig und sprach zunächst von einer reinen Vorsichtsmaßnahme. Und die Menschen waren es in jener Zeit gewohnt, sich Autoritäten vertrauensvoll zu unterwerfen und deren Anweisungen zu gehorchen. Zum Plan der Schiffsführung, Panik zu vermeiden, gehörte es auch, die Bordkapelle an Deck aufspielen zu lassen (→ „Mit Musik in den Untergang“). Die *Titanic* wirkte noch eine lange Zeit sicher. Es dauerte eine ganze Weile, bis man auch vom Bootsdeck aus die Neigung des Schiffes nach vorne bemerkte. Die Stromgeneratoren lagen im Heck, sodass die *Titanic* tatsächlich bis kurz vor ihrem vollständigen Versinken hell erleuchtet war. Die Elektriker hielten sie bis zum Schluss am Laufen, damit neben dem Licht auch das Funkgerät weiterbetrieben werden konnte. Sie müssen allerdings gewusst haben, dass sie alle sterben würden – und sie taten es auch alle. In Anbetracht dieser suggerierten Sicherheit mag es für manche Passagiere unvernünftig geschienen haben, in die Rettungsboote zu steigen. Im Vergleich zur *Titanic* wirkten sie wie eine offene, wackelige Nussschale.

Dieses romantisierte Zeitungsbild zeigt, wie sich die Presse die Evakuierung der *Titanic* vorstellte.

Vor allem über die bekanntesten Passagiere an Bord gab es nach dem Untergang allerlei Geschichten in den Zeitungen zu lesen, deren Wahrheitsgehalt nicht immer sehr hoch sein dürfte. So wurde berichtet, dass der wohl reichste Mann an Bord, John Jacob Astor, während der Kollision an der Bar saß, den Eisberg sah und gesagt haben soll: „Ich hatte Eis bestellt, aber das ist lächerlich". (In manchen Zeitungen wurde dieses Zitat auch Margret Tobin Brown, die als die „unsinkbare Molly Brown" in die Geschichte eingehen sollte, zugeschrieben.) Astor wollte Überlieferungen zur Folge seine junge, schwangere Frau ins Rettungsboot begleiten, was ihm von Offizier Charles Lightoller verwehrt worden sein soll. Ohne Diskussion, wie ein echter Gentleman eben, soll er sich zurückgezogen haben. Ähnlich heroisch wurde von Benjamin Guggenheim berichtet, der mit seiner Geliebten, einer französischen Barsängerin, an Bord war, während Frau und Kinder in Philadelphia warteten. Von ihm wurde die Geschichte erzählt, dass er und sein Butler anstatt sich zu retten, ihren Frack (nicht, wie man es oft lesen kann, ihren Smoking) angelegt haben. In vielen Zeitungen wurde er später zitiert: „Wir sind angemessen gekleidet und bereit, wie Gentlemen unterzugehen."

Männer, die überlebten, kamen in der Regel nicht gut weg. Denn jeder Mann hatte sich anstatt Frauen und Kindern retten lassen – so die Lesart in vielen Zeitungen. So musste neben dem Reeder Bruce Ismay beispielsweise Sir Cosmo Duff Gordon, britischer Sportfechter und Großgrundbesitzer, viel Kritik einstecken. In seinem Boot saßen mit ihm nur zwölf Personen: sieben Besatzungsmitglieder und vier Frauen – eine davon seine Frau, Lady Duff Gordon, und ihre Zofe. Offizier William M. Murdoch soll den Befehl gegeben haben, dass das Boot in der Nähe bleiben und zur Aufnahme weiterer Menschen zurückkehren sollte, was nie passierte. Die nach dem Untergang stattgefundenen Befragungen ergaben keine plausiblen Antworten warum. Da war es ein gefundenes Fressen für die Medien, als herauskam, dass Duff Gordon jedem Besatzungsmitglied fünf Pfund gezahlt hatte. So konnte man ihm unterstellen, dass er die Besatzung bestochen hatte und das Boot deswegen nicht zur sinkenden *Titanic* zurückkehrte.

Titanic-Überlebende Margret Tobin Brown und Carpathia-Kapitän Arthur Rostron nach dem Unglück. Unter anderem ihr wird nach der Kollision das Zitat „Ich hatte Eis bestellt, aber das ist lächerlich" zugeschrieben.

Mit Musik in den Untergang

Zu den Helden der Titanic-Geschichten zählen die Bordmusiker um Wallace Hartley, die ab 0.15 Uhr in der Unglücksnacht an Deck gespielt haben sollen. Doch von wo genau erklang die Musik auf diesem großen Schiff und wie lange spielten sie überhaupt? Darüber spekuliert man bis heute.

Der Bandleader Wallace Hartley wurde durch seinen Einsatz in der Untergangsnacht zu einem der Titanic-Helden.

Kurze Zeit nach der Kollision der *Titanic* mit dem Eisberg begann die Kapelle zu spielen, wie man es in allen bekannten Publikationen zum Thema lesen kann. Aber wo? Manchmal wird die „Empfangshalle der ersten Klasse" angegeben, wobei nicht klar definiert ist, ob damit die Halle vor dem Speisesaal auf dem D-Deck – ein während der Evakuierung des Schiffes eher ungeeigneter Ort – oder die Eingangshalle des Treppenhauses der ersten Klasse auf dem Bootsdeck, wo es auch ein Klavier gab, gemeint ist. Andere berichten, dass die Musik in der Lounge der ersten Klasse spielte.

Vermutlich sollte die Musik dazu dienen, die teilweise recht aufgeregten oder – unplanmäßig aus dem Schlaf gerissenen – missgelaunten Reisenden zu beruhigen beziehungsweise umzustimmen. Wer bereits seit ein paar Stunden geschlafen hatte, ließ sich bestimmt von den munteren Klängen des beliebten Schiffsorchesters eher wieder erheitern, als durch die Anweisungen des Schiffspersonals. Außerdem erzeugte die Musik, die eher die neuen Ragtime-Schlager und Tanzweisen der Saison spielte als die klassischen Stücke aus dem Repertoire des „White Star Book of Music", eine Art gelöste Partystimmung, die so recht zu dem bunten Aufzug der mit den unterschiedlichsten Gewändern bekleideten Passagiere, teils in Morgenmänteln und Pyjamas, teils in Abendgarderobe, manche mit Schwimmwesten, passte. Irgendwann später zogen die Musiker dann ins Treppenhaus um, vermutlich zu dem Zeitpunkt, als die Besatzung mit dem Beladen der Rettungsboote begann.

Noch später, heißt es, seien die Musiker dann nach draußen, auf das offene Bootsdeck gegangen und hätten dort weitergespielt. Hierbei stellt sich die Frage: Können Geiger und Pianisten mit klammen Fingern bei fast null Grad Lufttemperatur eine Stunde oder länger virtuose Stücke im Freien spielen? Und wie lange hält wohl ein überaus empfindliches Streichinstrument die Stimmung in der eisigen Kälte? Kein ganzes Stück hindurch.

Allgemein wird berichtet, dass die Kapelle auf der Backbordseite des Bootsdecks neben dem Eingang zum Treppenhaus der ersten Klasse spielte. Aber ob drinnen oder draußen, ist nicht klar definiert. Die Musik im Treppenhaus hätte natürlich auch aus mehreren Gründen mehr Sinn gemacht als im Freien: Erstens hätten alle Passagiere, die von den unteren Decks nach oben kamen, die Musiker gehört, egal, ob sie das Treppenhaus auf der Steuerbord- oder Backbordseite verlassen hätten. Zweitens hätten die Musiker und ihre Instrumente nicht unter der eisigen Kälte auf dem Deck zu leiden gehabt. Drittens hätte das dort befindliche Klavier nicht bewegt werden müssen, das als Grundinstrument angesichts der sowohl drinnen wie draußen herrschenden Lärmkulisse absolut erforderlich war. Und viertens befanden sich ja bis kurz vor dem endgültigen Untergang immer noch viele Menschen im Treppenhaus und in anderen Räumen auf dem A-Deck (zum Beispiel im Rauchsalon der ersten Klasse), sodass die Musiker bis zum Schluss immer noch etliche Zuhörer gehabt hätten.

Wie lange spielten die Musiker? Kann es wirklich sein, dass sie musizierten, bis sie „bis zu den Knien“ im Wasser standen? Zur Spieldauer der Musik gibt es zwei allgemein als recht verlässlich anerkannte Zeugen, der eine ist Colonel Archibald Gracie, der, ebenfalls wie Lawrence Beesley, kurz nach dem Untergang bereits ein Buch mit der Geschichte seiner Rettung herausbrachte, der andere ist der Funker Harold Bride. Colonel Gracie befand sich, kurz bevor das Wasser das Bootsdeck erreichte, abwechselnd auf der Steuerbord- und der Backbordseite, wo er, nach seinen Angaben, dabei half, die beiden auf dem Dach der Offiziersquartiere verstauten Rettungsboote klarzumachen. Gracie erklärte später, er habe nicht gehört, dass die Musiker aufgehört hätten zu spielen. Harold Bride verließ nach seinen Aussagen die Funkkabine etwa gegen 2 Uhr, kurz nachdem Kapitän Smith hereingeschaut und die beiden Funker von ihren Pflichten entbunden hatte. Er berichtete später, dass er auf seinem Weg zum Rettungsboot die Musik der Bordkapelle hörte. Und da war es dann schon nach 2 Uhr.

Aber ganz gleich, wie es nun wirklich war - die Bordkapelle der *Titanic* wird immer ein Teil des großen, faszinierenden Mythos bleiben. Ob sie nun Helden waren oder nicht, spielt letztlich keine Rolle – durch ihr Verhalten während des Untergangs sind sie unsterblich geworden.

Die Musikagentur der Gebrüder Black aus Liverpool, die die Musiker unter Vertrag genommen hatte, verlangte übrigens von den Angehörigen nach dem Untergang Schadensersatz für die verlorenen Uniformen, die die Musiker nur geliehen hatten. Die Bürger Liverpools quittierten die Forderungen mit Empörung – und ausbleibenden Buchungen für die Agentur.

Dutzende Abhandlungen beschäftigen sich auf mehreren Hundert Seiten mit der Frage, welches Musikstück das letzte war, das sie spielten. Vielleicht spielten sie tatsächlich noch kurz vor dem Untergang das legendäre „Nearer my God to Thee“ (Näher

Newburyport Morning Herald.

BAND PLAYED TILL END!

Titanic Sacrifice to Speed God – Hurled Through Water at 21 Knot Clip "TO SMASH A RECORD"

LIST OF FAMOUS MEN LOST CORRECT

Astor, Butts, Hays, Stead, Straus and Others Went to Their Doom Unafraid--Six Die After Rescue

Numbers of the Lost and Saved

STORIES OF SAVED RECEIVED TO 4 A.M.

Death of Captain Smith Graphically Described--Sea Strewn With Frozen Bodies

EXTRA COMING GET IT!

HERALD EXTRAS

IN CASE OF IMPORTANT NEWS during the day on the "Titanic Story" extra editions of the Morning Herald will be published

Auch die zeitgenössischen Zeitungen hoben den heroischen Einsatz der Bordmusiker hervor.

Ob „Näher mein Gott zu dir" wirklich das letzte gespielte Stück war, ist nicht mehr belegbar.

mein Gott zu dir) als ihr eigenes Requiem. Wallace Hartley hatte auf der *Mauretania* einmal einem Musikerkollegen gegenüber geäußert, dass er im Falle eines Unglücks auf See dieses Stück für seine eigene Beerdigung reserviert habe.

Die ersten von der sinkenden *Titanic* gefierten Boote – hier noch fest vertäut an Deck – waren nicht voll besetzt.

Nur eine Handvoll Menschen

Während der Evakuierung der *Titanic* gab es an Deck zunächst beim Bemannen der Rettungsboote kein Gedränge. Die Maßnahmen der Schiffsführung, keine Panik aufkommen zu lassen, erzielten ihren gewünschten Effekt. In diesem Zusammenhang wird immer wieder behauptet, dass in den ersten Booten, die abgefiert wurden, nur eine Handvoll Menschen saß.

Für eine Evakuierung, also dem Besetzen der Rettungsboote, hatten quasi bilderbuchmäßige Wetterverhältnisse geherrscht. Es war zwar kalt, aber völlig windstill. Der fehlende Wellengang führte dazu, dass das Schiff zunächst ruhig und gerade im Wasser lag. Erst später merkte man an Deck, dass das Schiff mit dem Bug voraus sank.

Die Crew hatte die schwierige Aufgabe, die 2208 Menschen an Bord auf nur 1178 Plätze in den Booten zu verteilen. Vier der Rettungsboote mit Platz für insgesamt 188 Personen waren Faltboote, die aus einem hölzernen Boden und Seiten aus Segeltuch bestanden. Die Seitenwände mussten aufgestellt werden, ehe diese Boote zu Wasser gelassen werden konnten. Zwei dieser Faltboote waren auf dem Dach der Offiziersquartiere gelagert und waren damit ein ganzes Stück von den Davits, den schwenkbaren Schiffskränen, entfernt. Diese beiden Boote konnten während des Untergangs nicht mehr flott gemacht werden und trieben letztendlich davon, konnten allerdings für einige Menschen als eine Art Floß dienen.

Wie voll waren die Boote? Tatsächlich waren die ersten Boote nicht voll besetzt, aber von nur einer Handvoll Leuten zu reden, entspricht nicht der Realität. In den ersten beiden Booten auf der Backbordseite saßen 29 Personen, im dritten Boot schon 55. Damit waren die für maximal 65 Personen zugelassenen Rettungsmittel nicht voll besetzt. Es gab an Bord offensichtlich keine konkreten Zuordnungen von Mannschaftsmitgliedern zu bestimmten Booten. Oft heißt es, dass die Offiziere kaum Erfahrung mit den Davits hatten, die Maximalkapazität bezweifelten und befürchteten, die Boote könnten auseinanderbrechen. Die für den Untergangstag abgesagte Rettungsbootübung wird oft als Begründung genannt. Tatsächlich hatten solche Übungen aber in Belfast und in Southampton stattgefunden, als Vertreter des britischen Handelsministeriums zur Abschlusskontrolle an Bord waren. Sie ließen sich auch das Abfieren von zwei Booten demonstrieren.

Insgesamt lief das Besetzen der Boote seitens der Crew dann anfangs auch eher zögerlich ab. Über eine halbe Stunde nach dem entsprechenden Befehl verließ das erste Boot die sinkende *Titanic*. Der Erste Offizier Murdoch und Fünfte Offizier Lowe kon-

Die besetzten Rettungsboote ruderten von der sinkenden *Titanic* weg, da ein Sog befürchtet wurde.

trollierten dabei das Beladen auf der Steuerbordseite, der Zweite Offizier Lightoller und der Sechste Offizier Moody die Backbordseite. Auch wenn Murdoch und Lowe wohl zunächst ähnlich zögerlich waren, ließen sie auch Männer ins Boot, wenn keine Frauen und Kinder in Sicht waren. Später war es gar Lowes Boot, das mit 60 Personen sogar übervoll war. Als noch mehr Menschen zusteigen wollten, gab Lowe die berühmten Schüsse in die Luft ab.

Und es gibt noch einen Grund, warum nicht alle Boote an Deck voll besetzt wurden: Die Boote 7 und 5 auf der Steuerbordseite und die Boote 2 und 4, die zu den letzten Booten gehörten, die gefiert wurden, erhielten den Befehl, sich im Wasser im Bereich der hinteren Gangwayluks aufzuhalten. Es gab also vermutlich den Plan, diese Boote weiter zu befüllen. Vom Gangwayluk wäre man über eine Strickleiter ins Boot gekommen. Dies war vielleicht für Passagiere aus der dritten Klasse sowie Besatzungsmitglieder gedacht. Offizier Lightoller sagte später aus, dass er den Bootsmann mit ein paar Männern zum Öffnen eines Gangwayluks geschickt habe. Es ist jedoch nicht überliefert, dass diese Art des Besteigens von Rettungsbooten auch praktiziert wurde. Von den beiden Backbordbooten ist bekannt, dass sie unverrichteter Dinge weiterruderten, da nach ihren Beobachtungen kein Gangwayluk geöffnet war.

Dieses Foto von zwei sich nähernden Rettungsbooten machte ein Passagier von Deck der *Carpathia* aus.

Der große Versicherungsbetrug

1996 setzte das Autorenduo Robin Gardiner und Dan van der Vat eine brandneue Titanic-Verschwörungstheorie in die Welt, nach der am 15. April 1912 gar nicht die *Titanic*, sondern das Schwesterschiff *Olympic* gesunken war. Was ist dran an der Geschichte?

Nach dieser Theorie war die *Olympic*, nachdem sie am 20. September 1911 mit der *Hawke* kollidierte, ein wirtschaftlicher Totalschaden. So entstand angeblich die Idee, die neue *Titanic* in ihr Schwesterschiff zu verwandeln, sie untergehen zu lassen und die Versicherungssumme zu kassieren. Im März 1912 soll es bei Arbeiten an beiden Schiffen zu einem Tausch der Identitäten gekommen sein: Den Bug der *Olympic* zierte fortan der Schriftzug *Titanic*. Und so begab sich im April 1912 die *Olympic* unter falschem Namen und notdürftig zusammengeflickt von Southampton in Richtung New York – mit der Absicht der Reederei, dass sie die Fahrt nicht übersteht. Die Reederei wollte damit die Versicherungssumme für die *Titanic* kassieren, der Tod von über tausend Menschen war hingegen nicht vorgesehen. Denn zur Rettung sollte die *Californian* in der Nähe sein. Die *Titanic* kollidierte laut der Theorie aber zu früh mit einem Eisberg, die *Californian* war zu weit entfernt.

Die Machbarkeit der Tauschaktion war aber so nicht gegeben, denn dazu gehörte mehr, als nur die Namensschilder zu wechseln. Die Schiffe waren zwar nach gleichen Plänen gebaut, hatten aber ihre Unterschiede. Man hätte also viele Bauteile an Bord anpassen müssen, damit die *Olympic* aussieht wie die *Titanic*. Das wäre viel Arbeit gewesen, die zahlreiche Werftarbeiter in kurzer Zeit hätten erledigen müssen – in zu kurzer Zeit. Und: Alle Bauteile, die vom Meeresgrund geborgen wurden, haben die Baunummer „401", die der *Titanic* – und nicht die „400" der *Olympic*. Es hätte zudem viele Arbeiter erfordert, die bis zu ihrem Lebensende eine solch gigantische Verschwörung für sich behalten hätten. Extrem unrealistisch. Auch die Crew hätte eingeweiht werden müssen. Denn der Versicherungsbetrug wäre nur dann erfolgreich, wenn man das Schiff mit dem nächstbesten Eisberg hätte kollidieren lassen.

Jahre nachdem Robin Gardiner und Dan van der Vat ihr Buch „Die Titanic-Verschwörung" veröffentlicht hatten, gaben sie öffentlich zu, die Geschichte frei erfunden zu haben.

In einer Nacht- und Nebelaktion sollen die beiden Schiffe *Olympic* und *Titanic* vertauscht worden sein, um die Versicherung zu betrügen.

Die letzte Überlebende

Als die *Titanic* am 15. April 1912 unterging, war Elizabeth Gladys „Millvina" Dean zehn Wochen alt und die jüngste Person auf dem Schiff. Sie überlebte das Unglück und wurde zu einer Art Popstar in der Titanic-Szene.

Ihre Eltern, Bertram Frank Dean und Georgette Eva Light Dean, waren mit ihr und ihrem älteren Bruder Bertram Vere in Southampton als Passagiere an Bord gegangen. Sie hatten ihre Schankwirtschaft in London verkauft und wollten nach Wichita, Kansas, auswandern.

Die Deans sollten eigentlich nicht an Bord der *Titanic* sein, aber aufgrund des Kohlestreiks wurden sie auf die *Titanic* umgebucht und wurden so in Southampton zu Passagieren der dritten Klasse auf dem Unglücksdampfer. Millvina berichtete, dass ihr erzählt wurde, dass ihr Vater in der Nacht des 14. April 1912 die Kollision mit dem Eisberg gespürt und die Kabine verlassen habe, um nachzuschauen, was passiert war. Als er in die Kabine zurückkehrte, sagte er seiner Frau, sie solle die Kinder anziehen und an Deck gehen. Millvina Dean, ihre Mutter und ihr Bruder überlebten das Schiffsunglück in Rettungsboot Nummer 10, ihr Vater nicht. Auf der *Adriatic* kehrten sie nach England zurück, wobei das Baby von vielen Passagieren umhätschelt wurde. Die Kinder erhielten zur Unterstützung ihrer Schulbildung Gelder von einem Fonds für Titanic-Opfer. Erst im Alter von acht Jahren wurde Millvina ihre Verwicklung in die Titanic-Katastrophe bewusst, als ihre Mutter sich wieder verheiraten wollte. Sie selbst blieb ledig. Erst als sie in ihren 80ern war, wurden die Medien auf sie aufmerksam. Sie war gern gesehener Gast bei Kongressen, Ausstellungen sowie Radio- und Fernsehprogrammen.

2006 erlitt Millvina Dean einen Hüftbruch und musste in ein privates Pflegeheim eingewiesen werden. Um die Kosten ihrer Unterbringung bezahlen zu können, ließ Dean im Oktober 2008

Erinnerungsstücke wie einen Koffer mit Kleidung (→ Seite 119), Drucke und einen Entschädigungsbrief versteigern. Als sie ein Jahr später neues Geld brauchte, initiierte der mit ihr befreundete Fotograf Don Mullan eine Spendenkampagne für sie und bat in einem öffentlichen Brief auch die Hauptdarsteller des Films „Titanic" um eine Spende. Zeitungsmeldungen zufolge sollen die Schauspieler Leonardo DiCaprio und Kate Winslet sowie der Regisseur James Cameron zusammen etwa 30.000 Euro gespendet haben.

Millvina Dean starb am 31. Mai 2009 im Alter von 97 Jahren – auf den Tag genau 98 Jahre nach dem Stapellauf der *Titanic*.

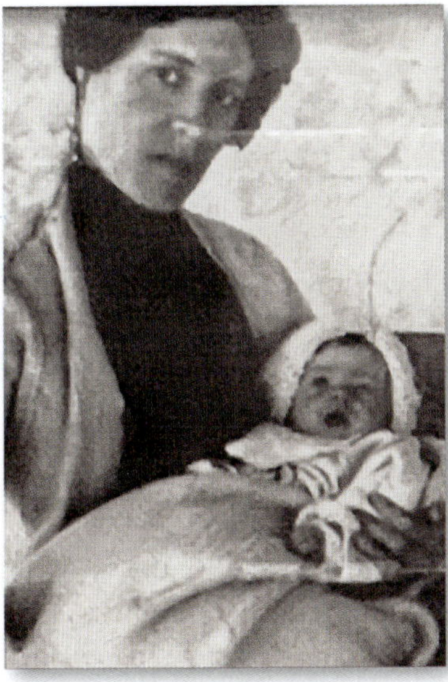

Dieses Zeitungsbild zeigt die zehn Wochen alte Millvina Dean mit ihrer Mutter (o.). 2002 war sie im baden-württembergischen Ebersbach zu Besuch beim Vorsitzenden des Deutschen Titanic-Vereins und trank aus einem Mokkatässchen der *Olympic* (re.).

Für immer abgetaucht

Die Faszination an der *Titanic* ist bis heute ungebrochen groß. Und wieder war es das scheinbar blinde Vertrauen in die Technik, die die Menschheit im Sommer 2023 auf den Boden der Tatsachen zurückholte. Erneut war die *Titanic* in aller Munde und bewies, dass sie immer noch das Zeug hat, globale Medienwirksamkeit zu erzeugen.

Nach dem Einstellen der touristischen Tauchgänge mit den russischen Tauchkapseln *Mir 1* und *Mir 2* gab es seit 2021 wieder die Möglichkeit, zum Wrack der *Titanic* in fast vier Kilometer Tiefe hinabzutauchen. Und so nahmen im Sommer 2023 Millionen Menschen weltweit Anteil an der Tauchaktion der *Titan*. Die Tauchkapsel bestand aus einem 127 Millimeter dicken Zylinder aus kohlefaserverstärktem Kunststoff. Der Innendurchmesser betrug bei einer Länge von 6,70 Metern und einer Breite von 2,8 Metern nur 1,42 Meter. Einziges Fenster und gleichzeitig Einstiegsluke war das Plexiglasbullauge mit einem Durchmesser von 38,1 Zentimetern. Die *Titan* war kein klassisches U-Boot, denn für die Navigation zum Ziel war sie auf ein Begleitschiff und Transponder angewiesen. Für viel Furore sorgte die Tatsache, dass die Steuerung der *Titan* aus dem Inneren mit einer modifizierten Version eines handelsüblichen Gamecontrollers erfolgte und die Tauchkapsel von keiner Prüfstelle zertifiziert worden war. Bis heute schreibt das auf internationalen Gewässern geltende Seerecht eine derartige Prüfung jedoch gar nicht vor.

Die letzte Tauchfahrt der *Titan* begann am 18. Juni 2023 gegen 8 Uhr Ortszeit. An Bord waren neben dem Chef der Betreiberfirma OceanGate, Stockton Rush, und dem Titanic-Experten Paul-Henri Nargeolet drei Passagiere, unter anderem ein Vater mit seinem 19 Jahre alten Sohn. Für das letzte Abenteuer ihres Lebens hatten die drei zahlungskräftigen Kunden mit 250.000 Dollar pro Person tief in die Tasche gegriffen. Dafür versprach

Seit 2021 brachte die Tauchkapsel *Titan* der US-Firma OceanGate zahlungskräftige Kunden zum Wrack der *Titanic*.

OceanGate einen rund achtstündigen Ausflug in eine der feindseligsten Umgebungen der Erde mit rund 400 bar Außendruck.

Die Kommunikation der *Titan* mit ihrem Mutterschiff brach am 18. Juni 2023 nach 1 Stunde und 45 Minuten ab. Die US-Küstenwache reagierte rasch, startete gemeinsam mit kanadischen Kräften eine groß angelegte Suche. Beinahe live verfolgte die Weltöffentlichkeit das Schicksal des kleinen Tauchboots.

Schließlich suchten mehrere Seefernaufklärer, Sonarbojen und Rohrverlegerschiffe mit fernsteuerbaren Unterwasserfahrzeugen die Unglücksstelle ab. Hoffnung keimte auf, als Suchteams glaubten, alle 30 Minuten ein Klopfen aus der Tiefe zu vernehmen.

Erst als die Zeit, die die Menschen in der *Titan* mit den Sauerstoffreserven hätten überleben können, abgelaufen war, machte die US Navy öffentlich, dass Trümmerteile 500 Meter vom Bug der *Titanic* entfernt entdeckt wurden. Die deuteten darauf hin, dass der Rumpf der *Titan* dem enormen Wasserdruck nicht standgehalten hatte und implodiert war. Und dies höchstwahrscheinlich schon zu dem Zeitpunkt des Kontaktverlustes, als Implosionsgeräusche zu hören waren. Das tagelange Bangen um die fünf Menschen an Bord der *Titan* hatte damit ein trauriges Ende gefunden.

Was bleibt, ist die Frage, ob die mediale Aufmerksamkeit und der steuerfinanzierte Aufwand der Such- und anschließenden Bergungsexpedition gerechtfertigt war. Medien weltweit deckten auf, dass Fachleute schon vor dem Unglück monierten, dass die Betreiber anerkannte Standards umgangen und Warnungen missachtet hatten. Zwei Jahre zuvor hatten dieselben Medien die *Titan* jedoch noch als Beweis für Innovation und Forschergeist gefeiert.

Realistisch wie nie ließ James Cameron seine *Titanic* in einem gigantischen Wassertank versenken.

Ein Film schreibt Geschichte

Im Jahr 1997 erschien James Camerons „Titanic“, einer der weltweit erfolgreichsten Filme aller Zeiten. 1998 erhielt das Epos über den Untergang der *Titanic* elf Oscars. Nach nur 26 Spieltagen waren die Produktionskosten von 200 Millionen Dollar bereits wieder eingespielt. Und Rose und Jack bescherten uns am Bug der *Titanic* die wohl bekannteste Szene der Filmgeschichte.

Die Vorbereitungen

Cameron begann 1992 mit den Planungen für seinen Film. Er war vom Potential der Geschichte begeistert und beschrieb die Story als einen „großartigen Roman, der sich ganz genauso abgespielt hat“. Er traf sich mit 20th Century Fox und überzeugte das Studio davon, im Film auch Originalaufnahmen der echten *Titanic* zu verwenden. Er stellte eine Crew aus russischen, US-amerikanischen und kanadischen Wissenschaftlern, Filmtechnikern, Seeleuten und Historikern zusammen und organisierte 1995 zwölf Tauchfahrten mit dem russischen Forschungsschiff *Akademik Keldysh* und den beiden Mir-Tauchkapseln. Nach diesen Erfahrungen begann Cameron das Drehbuch zu schreiben. Cameron hatte hierbei einen hohen Authentizitätsanspruch und sagte in einem Interview, dass er es zum obersten Ziel gemacht habe, die Fakten kompromisslos so wiederzugeben, wie sie sich abgespielt haben.

Probleme eines Titanic-Films

Bekanntlich war Camerons „Titanic" nicht der erste Titanic-Film, der produziert wurde. Rund ein Dutzend Streifen widmen sich der Thematik – zwei davon erschienen bereits 1912.

Cameron, der selbst das Drehbuch schrieb, sah sich mit dem Problem konfrontiert, dass der Tod von 1500 Menschen sehr abstrakt ist. Wie sollte man das vermitteln? Aus diesem Grund erschien es Cameron notwendig, dem Publikum eine Art emotionalen Leitfaden zu geben, indem man ihm zwei Hauptcharaktere mit auf den Weg gibt, mit denen es sich identifizieren kann.

Das nächste Problem bestand für ihn darin, eine spannende Handlung zu erzählen, denn der Ausgang des Films ist jedem Zuschauer schon bekannt. Und gerade deswegen war James Cameron der Meinung, dass jeder neue Titanic-Film auch etwas Neues erzählen muss.

Um das erste der genannten Probleme zu lösen, mischte Cameron in seinem Film fiktionale und nicht fiktionale Charaktere. Die wichtigsten fiktionalen Charaktere sind Jack Dawson, ein Passagier der dritten Klasse, Rose DeWitt Bukater, eine Erste-Klasse-Passagierin, Caledon Hockley, ihr reicher Verlobter und Ruth, ihre Mutter. Cameron ließ diese Personen mit realen Personen, die es wirklich an Bord der *Titanic* gegeben hat, agieren. So treffen die fiktionalen Charaktere im Handlungsverlauf immer wieder auf Personen wie Kapitän Smith, den Ersten Offizier William M. Murdoch, den Zweiten Offizier Charles Lightoller, Schiffskonstrukteur Thomas Andrews oder die Passagierin Molly Brown.

Cameron benutzte bewusst keine historischen Personen als seine Hauptfiguren, weil es keine historischen Figuren gab, die einen solchen spannungsgeladenen Konflikt auf dem Schiff durchlebt haben, wie er es für Jack und Rose vorsah. Das historische Ereignis entspricht nicht den Bedürfnissen eines filmischen Drehbuches. Das Ereignis selbst wurde dabei nur zur Kulisse für die eigentliche Haupthandlung.

Bester Titanic-Film aller Zeiten?

Auch wenn James Cameron sehr perfektionistisch war, enthält der Film Fehler. Einige davon wären leicht vermeidbar gewesen. Manche Fehler entstanden aber auch, weil man es Mitte der 1990er Jahre nicht besser wusste. Und andere Unstimmigkeiten enthält der Film aus dramaturgischen oder szenischen Gründen. Nimmt man es ganz genau, steckt der erste Fehler schon in der Art, wie die Geschichte dem Zuschauer erzählt wird. Denn wenn alles, was auf dem Schiff passierte, aus den Erinnerungen der alten Rose stammt, können eigentlich keine Szenen gezeigt werden, bei denen sie nicht dabei war. Das große, vordere Treppenhaus der ersten Klasse wurde breiter als das Original nachgebaut und auch das Geländer ist zu hoch. Der Grund hierfür ist, dass Cameron seine Schauspieler nebeneinander die Treppe hinauf- und hinablaufen lassen wollte, ohne dass es eng aussieht. Und dazu waren die Schauspieler zu groß. Auch bei der berühmten „Fliege-Szene“ am Bug schummelte Cameron bewusst ein wenig. Er ließ eine zusätzliche Strebe bei der Brüstung ab Bug einbauen. Auf der echten *Titanic* hatte der vorderste Teil der Brüstung nur drei Streben, im Film aber vier. Mit nur drei Streben sah die romantisch gewollte Szene eher so aus, als nähere sich Jack Rose unsittlich von hinten. Diese zusätzliche Strebe wurde teilweise sogar bei den echten Wrackaufnahmen, die im Film zu sehen sind, digital hinzugefügt. Übrigens war der Bereich ganz vorne absolut verboten für Passagiere und die Szene hätte so nie stattfinden können. Auch das Auseinanderbrechen während des Untergangs ist nicht korrekt dargestellt. Das Schiff ist viel zu hell erleuchtet und

„Titanic“-Regisseur James Cameron mit den Hauptdarstellern Kate Winslet und Leonardo DiCaprio am Set.

Das Ablegen aus Southampton wird bei Cameron mit zu vielen Menschen und bei zu gutem Wetter gezeigt.

bricht zu weit oberhalb der Wasseroberfläche. Aber für einen Hollywood-Regisseur wie James Cameron musste dieses „mehr“ an Action wohl sein.

Den Quellen wird in „Titanic“ vor allem dann eindeutig widersprochen, wenn sie dem Ablauf und der Dramatik der Filmhandlung im Wege stehen. Präsident Ismay lässt sich besser als verantwortlich für die Katastrophe in Szene setzen, wenn er an der Besprechung auf der Brücke kurz nach der Kollision selbst teilnimmt. Dass er tatsächlich anwesend war, dafür gibt es aber keine Belege. Der Klassengegensatz lässt sich besser inszenieren, wenn sich eine Menschenmenge durch ein verschlossenes Tor den Weg zum Bootsdeck erkämpfen muss. Die Tore gab es aber nicht.

Sind die Quellen uneindeutig, so entschied sich der Regisseur für die effektvollere Version.

Mit „Titanic“ ist James Cameron ein zeitloses Epos gelungen, der zu einer festen Größe in der Titanic-Geschichtsschreibung geworden ist. Seitdem wird in Fachkreisen in den Epochen „vor dem Film“ und „nach dem Film“ gerechnet. „Titanic“ gelingt es, die emotionale Botschaft des Ereignisses zu vermitteln und den Schmerz der Überlebenden über den Verlust ihrer Angehörigen darzustellen. Als Spielfilm erhebt er nicht den Anspruch, möglichst objektiv zu informieren, sondern hat als Historienfilm vor allem einen hohen Unterhaltungswert.

Eine Welt in Schockstarre

Die Welt befand sich nach dem Untergang der *Titanic* in einer Schockstarre. Das blinde Vertrauen in die Technik und der Glaube, der Mensch stehe über den Naturgewalten, war erschüttert. Es wurden ein amerikanischer und ein britischer Untersuchungsausschuss durchgeführt, die aus heutiger Sicht durchaus tendenziös und in manchen Bereichen gar voreingenommen waren. Nichtsdestotrotz gelten die hier gefallenen Aussagen von Überlebenden oder Experten bis heute als eine der wichtigsten Quellen und waren auch für dieses Buch Gold wert.

Zusammenfassend war der Untergang der *Titanic* eine Verkettung unglücklicher Umstände. Es gibt nicht den einen Grund oder den einen Schuldigen.

Ihr Untergang markiert unbestritten eine Wende in der Schiffssicherheit. Die Menschen zogen ihre Lehren aus dem Unglück und Maßnahmen, die als direkte Konsequenz daraus gezogen wurden, gelten bis heute. So muss es bei Neubauten für alle Menschen an Bord Plätze in den Rettungsbooten geben – das veraltete, sich an der Tonnage orientierte Gesetz wurde abgeschafft. Mit der „International Ice Patrol" gibt es bis heute eine Organisation, die den viel befahrenen Nordatlantik systematisch nach Eisbergen absucht und Schiffe warnt. Und Funkgeräte auf Passagierschiffen sind verpflichtend und müssen 24 Stunden am Tag besetzt sein.

Die Zeitungen überschlugen sich förmlich mit der Berichterstattung zum Untergang der *Titanic*, wie hier in London. Es handelte sich um das erste globale Medienereignis der Welt.

Andere Tragödien

Mit der *Titanic* fest verbunden ist eines der dramatischsten Unglücke auf See, aber auch andere Schiffe haben sich mit ihrem Schicksal ins Gedächtnis der Menschen eingebrannt.

Nicht alles klar auf der Andrea Doria

Eines der bekanntesten Unglücke nach dem Untergang der *Titanic* ist der Unfall der *Andrea Doria*. Am Abend des 25. Juli 1956 fuhr die *Andrea Doria* auf Westkurs in Richtung New York. Zur gleichen Zeit befand sich die *Stockholm* auf Ostkurs in Richtung Göteborg. Weil die *Andrea Doria* durch dichten Nebel fuhr, hatte der Kapitän die Geschwindigkeit gedrosselt, das Nebelhorn aktiviert und die Schotten geschlossen. Sowohl die *Andrea Doria* als auch die *Stockholm* verfügten über ein Radargerät und beide Schiffe konnten sehen, dass sie sich aufeinander zu bewegten. Offenbar interpretierten aber beide Seiten den Kurs des jeweils anderen Schiffes falsch. Es gab keinen Funkkontakt und in den Minuten vor der Kollision änderte die *Andrea Doria* ihren Kurs langsam in Richtung Backbord, um die *Stockholm* auf der Steuerbordseite zu passieren. Die *Stockholm* änderte ihren Kurs nach Steuerbord, um die *Andrea Doria* auf Backbord passieren zu lassen. Beide Schiffe wichen also nach Süden aus und steuerten direkt aufeinander zu, anstatt den Abstand zu vergrößern. Gegen 23.10 Uhr kollidierten beide Schiffe miteinander. Der für Eisfahrten verstärkte Bug der *Stockholm* durchbohrte die Steuerbordseite der *Andrea Doria*, zerstörte zahlreiche Passagierkabinen, Crewbereiche und Treibstofftanks. Fehlendes Gegengewicht der zum Ende der Überfahrt annähernd leeren Treibstofftanks auf der Gegenseite führten zu einer nicht korrigierbaren Neigung des Schiffes. Große menschliche Verluste während des Untergangs konnten dennoch vermieden werden, denn es stand eine ausreichende Anzahl Rettungsboote zur Verfügung. Während andere Schiffe auf den Notruf reagierten und Kurs auf die Unglücksstelle nahmen, unter-

Die *Andrea Doria* bekam nach der Kollision mit der *Stockholm* 1956 schnell starke Schlagseite, was die Evakuierung extrem erschwerte.

stützte auch die *Stockholm* die Evakuierung der *Andrea Doria*. Anders als beim Unglück der *Titanic* 44 Jahre zuvor, befanden sich einige Schiffe in der Nähe, die auf den Notruf reagierten. Gegen Tagesanbruch war die *Andrea Doria* vollständig evakuiert. Von den 1660 Menschen an Bord waren 46 gestorben – die meisten davon beim Aufprall.

Stabilitätsprobleme bei der Estonia

Unter anderem schwere See war der Grund für ein weiteres tragisches Unglück: dem Untergang der Ostseefähre *Estonia* 1994 auf ihrem Weg von Tallinn nach Stockholm. Auf dem offenen Meer löste sich (aus bis heute nicht endgültig geklärten Gründen) die Bugklappe, Wasser drang ein, die Fähre kenterte und sank in weniger als einer Stunde. Von den insgesamt 989 Menschen an Bord konnten nur 137 aus dem kalten Wasser gerettet werden.

Ein Gutachterteam untersuchte den Untergang der *Estonia* akribisch: Neben haarsträubenden Wartungsfehlern kenterte die *Estonia* auch wegen ihrer instabilen Konstruktion. Wassermassen auf weitläufigen Autodecks von Fähren sind grundsätzlich hoch riskant, denn sie machen die Schiffe schnell instabil. Als Konsequenz aus dem Estonia-Unfall müssen heute alle Fähren so gebaut werden, dass sie auch mit bis zu einem halben Meter Wasser auf dem Deck noch schwimmfähig sind. Wasserdichte Schotttore dürfen, anders als bei der *Estonia*, heute nicht mehr mit der Bugklappe verbunden sein.

1994 sank die *Estonia* aus bis heute nicht gänzlich aufgeklärten Gründen bei schwerer See auf dem Weg von Tallinn nach Stockholm.

Totalversagen auf der Costa Concordia

Wie wichtig eine gut geschulte Crew im Ernstfall ist, weiß man spätestens seit 2012, als die *Costa Concordia* mit einem Felsvorsprung kollidierte und aufgrund eines Lecks von rund 50 Metern Länge verunglückte. Die zahlreichen Handyvideos von Bord der *Costa Concordia* zeigen: Die Menschen gerieten erst in Panik, als sie merkten, dass die Crew die Situation nicht im Griff hatte. Was man in den Videos auch sehen kann: Die Crew war nicht im Stande, die Boote richtig zu Wasser zu lassen, da sie teilweise nicht an Ort und Stelle war. Und der Kapitän war – ganz aus Versehen – in eines der ersten Rettungsboote gefallen und schon gar nicht mehr an Bord ...

AHA!

Schiffssicherheit heute

Drei Jahre nach dem Untergang der *Andrea Doria* nahm die „International Maritime Organization“ (IMO), eine Sonderorganisation der Vereinten Nationen, ihre Tätigkeit auf. Seitdem haben sich die Regularien immer weiter verschärft – meist erst als Reaktion auf tragische Unglücke.

Heute muss alles, was beim Schiffbau verwendet wird, zertifiziert sein – vom Stahl bis zum Teppichkleber. Das machen Klassifikationsgesellschaften, eine Art TÜV für Schiffe. Sie stellen sicher, dass die Schiffe weltweit nach den internationalen Vorschriften gebaut werden. Alle fünf Jahre muss eine Inspektion im Trockendock stattfinden.

Nachdem das Autodeck der Fähre *Scandinavian Star* 1990 fast vollständig ausbrannte, verschärfte die IMO die Brandschutzbestimmungen. Rauchmeldersysteme, Sprinkleranlagen und Brandschutztüren gehören heute zu den Standards.

Übungen der Crew sind heute auch an Bord von Kreuzfahrtschiffen Vorschrift. Genau wie die Seenotrettungsübung für Passagiere, die nach IMO-Regularien innerhalb der ersten 24 Stunden nach Eintreffen der Gäste an Bord stattfinden muss. Seit dem Unglück der *Costa Concordia* 2012 haben die Reedereien diese Regel freiwillig verschärft: Bei den meisten wird die Übung bereits im Hafen noch vor der Abfahrt durchgeführt. Wie bei einem Notfall müssen die Passagiere zu den Musterstationen gehen, wo sie zum Beispiel durch das Abscannen ihrer Bordkarten, die Teil des elektronischen Sicherheitssystems sind, registriert werden. Bei vielen Schiffen befinden sich die Rettungswesten nicht mehr in der Kabine, sondern sie werden zentral an den Sammelpunkten oder den Rettungsbooten ausgegeben. Die Ausgabe der Westen soll so schneller und sicherer vonstatten gehen. Die IMO schreibt vor, dass sich alle Personen in einem Notfall innerhalb von 30 Minuten in ihrem Rettungsboot befinden müssen – egal wo an Bord sie sich befinden. Wichtig ist das leichte Erreichen der Rettungsmittel. Zu ihnen gehören neben den klassischen Rettungsbooten heutzutage auch Rettungsinseln, die sich in 30 Sekunden selbst aufblasen.

Der Crew fällt im Falle einer Gefahr eine entscheidende Rolle zu. Sie muss unter anderem lernen, Passagiere psychologisch zu führen, damit keine Panik ausbricht.

Entscheidender Teil der Schiffssicherheit ist auch die Brücke. Bei modernen Brücken liegen die Instrumente wie in einem Flugzeugcockpit sehr eng beieinander, damit die Offiziere alles auf einmal im Blick haben können. Auch eine flache Hierarchie ist hilfreich. Denn ein Grund für Unfälle kann das Machtgefälle zwischen den Dienstgraden sein. Beispielsweise immer dann, wenn der Untergebene sich nicht traut, den Vorgesetzten zu korrigieren, obwohl er recht hat. Das Unglück der *Costa Concordia* ist hierfür ein mahnendes Beispiel. Denn der Crew auf der Brücke war sehr wohl bewusst, dass Kapitän Schettino das Schiff in große Gefahr brachte, traute sich aber nicht, dem Kommandanten zu widersprechen. Die Kommunikation sollte deshalb auf Augenhöhe stattfinden. Dazu nutzen viele Reedereien heute das Prinzip des „double check“: Die ausführende Person denkt laut und erzählt, was sie vorhat. Die zweite Person überprüft und bestätigt – erst dann wird der Befehl ausgeführt.

Neuere Kreuzfahrtschiffe werden nach der IMO-Regel „Safe Return to Port“ gebaut. Sie müssen technisch so ausgerüstet sein, dass sie nach einem Brand oder einer Kollision mit Wassereinbruch immer den nächsten Hafen erreichen können. Solange sollen sicherheitsrelevante Systeme wie Antrieb, Strom und Frischwasser funktionieren. Dafür werden Strom- und Wasserleitungen mehrfach abgesichert und es gibt mindestens zwei getrennte Maschinenräume. Manche Schiffe haben auch eine zweite Brücke, die mit völlig getrennten Systemen funktioniert.

Seit dem Untergang der *Titanic* hat sich im Bereich der Schiffssicherheit also viel getan. Technische Innovationen können die Seefahrt zwar sicherer machen, aber trotz aller Technik sind die Menschen, vor allem auf hoher See, den Naturgewalten nicht überlegen.

Das Quiz für Titanic-Experten

1. Wie hießen die beiden Schwesterschiffe der Titanic?

a) *Olympic* und *Gigantic*

b) *Olympic* und *Britannic*

c) Es gab nur ein Schwesterschiff, die *Olympic*. Wegen des Ersten Weltkrieges wurde nie ein drittes Schiff gebaut.

2. Warum fuhr die *Titanic* in der Unglücksnacht so schnell?

a) Die Offiziere auf der Brücke wollten das Gefahrengebiet schnell verlassen.

b) Die Reederei strebte das Blaue Band an, eine Auszeichnung für das schnellste Schiff der Welt.

c) Die *Titanic* sollte schon am Dienstagabend statt am Mittwochmorgen in New York ankommen.

3. Welche Rolle spielten die Nieten beim Unglück?

a) Sie waren die Schwachstelle der Konstruktion, da sie durch das kalte Wasser porös und brüchig wurden.

b) Gar keine

c) Sie waren den Belastungen des Aufpralls nicht gewachsen und gaben teilweise nach, als das Eis Stahlplatten nach innen bog.

4. Warum hatte die *Titanic* weniger Rettungsboote als beim Untergang benötigt?

a) Weil man sich an veraltete Gesetze gehalten hatte und die Boote nicht für eine Vollevakuierung gedacht waren.

b) Weil die Reederei eigenmächtig aus Platzgründen zu wenig Boote bestellt hatte.

c) Es fehlten welche, weil nicht alle Boote rechtzeitig fertiggestellt worden waren.

5. Wer hatte vor dem Untergang behauptet, dass die *Titanic* unsinkbar ist?

a) Die Reederei White Star Line, weil es eine gute Werbung war.

b) Die Werft Harland & Wolff, die sehr stolz auf das von ihr gebaute Schiff war.
c) Eine Fachzeitschrift, die über die Sicherheitseinrichtungen geschrieben hatte.

6. War die *Titanic* mit Abstand das größte Schiff der Welt?

a) Nein, wenige Wochen nach ihrem Untergang gab es ein größeres Schiff.
b) Ja, es dauerte viele Jahre bis sich Werften trauten, ein noch größeres Schiff zu bauen.
c) Nein, sie war etwas kleiner als ihr Schwesterschiff *Olympic*.

7. War die *Titanic* in allen Bereichen super modern?

a) Ja, sie war das technisch fortschrittlichste Schiff, das die Welt bis dahin gesehen hatte.
b) Nein, sie war für die Zeit eine veraltete Konstruktion.
c) Sie war eine Mischung aus „alt bewährt" und „super modern".

8. Welche Auswirkungen hatte der Schwelbrand in einem Kohlebunker auf den Untergang?

a) Er ist der Hauptgrund für den Untergang, da er Löcher in die Außenhülle gebrannt hatte.
b) Gar keine – glühende Kohle konnte die Schottwand nicht so beschädigen, als dass dies Auswirkungen gehabt hätte.
c) Er ist mit ausschlaggebend für das schnelle Sinken, da deswegen eine Schottwand brach.

9. Wie reagierte die Brückencrew auf die eintreffenden Eisbergwarnungen?

a) Sie veränderten den Kurs der *Titanic* weiter Richtung Süden.
b) Gar nicht, sie ignorierten sie.
c) Aus Sicherheitsgründen wurde das Schiff in der Nacht gestoppt.

10. Warum wurde der Eisberg so spät gesehen?

a) Weil der Ausguck keine Ferngläser hatte.
b) Weil der Ausguck von einem küssenden Liebespaar an Deck abgelenkt wurde.

c) Es war eine Verkettung unglücklicher Umstände: das Schiff war zu schnell und die Sicht- und Wetterverhältnisse waren ungünstig.

11. Wie versuchte die Brückencrew dem Eisberg auszuweichen?

a) Das Schiff machte eine Vollbremsung.
b) Mit einem „Porting Around“-Manöver versuchte man den Eisberg in einer S-Kurve zu umfahren.
c) Das Ruder wurde hart nach Backbord gelegt und die Maschinen liefen rückwärts.

12. Wie wurde das Schiff beschädigt?

a) Der Eisberg drückte die vernieteten, übereinanderlappenden Stahlplatten nach innen ein.
b) Das Schiff wurde durch einen langen Riss aufgeschlitzt wie eine Konservendose.
c) Die Titanic brach durch den Aufprall mit dem Eisberg in zwei Teile.

13. Warum überlebten verhältnismäßig wenige Passagiere aus der dritten Klasse?

a) Sie waren als Inhaber der billigsten Tickets gar nicht zur Rettung vorgesehen.
b) Sie wurden unter Deck eingesperrt, um den Passagieren der ersten Klasse den Vortritt zu lassen.
c) Sie hatten den weitesten Weg zum Bootsdeck, mussten am längsten warten und viele Familien wollten sich nicht trennen.

14. Wie lief die Evakuierung der sinkenden *Titanic* ab?

a) Eine ganze Weile sehr ruhig, da sich die Menschen an Bord sicher fühlten.
b) Es gab von Anfang an Gedränge von panischen Menschen, die die Rettungsboote stürmten.
c) Sehr chaotisch, weil die Crew keinerlei Erfahrung mit den Rettungsbooten hatte.

15. Welche Änderungen gab es in der Schifffahrt nach dem Unglück der *Titanic*?

a) Im Grunde genommen gar keine, da der Untergang der *Titanic* nichts Besonderes war.

b) Bis die Untersuchungen zum Untergang abgeschlossen waren, blieben alle Schiffe im Hafen.

c) Seitdem muss es für alle Menschen an Bord eines Schiffes Plätze in den Rettungsbooten geben, der Nordatlantik wird nach Eisbergen abgesucht und Funkgeräte wurden auf Passagierschiffen verpflichtend.

Quiz-Lösungen

1 b
2 a
3 c
4 a
5 c
6 a
7 c
8 b
9 a
10 c
11 b
12 a
13 c
14 a
15 c

Viele Auswanderer hatten fast ihr gesamtes Hab und Gut verkauft, um sich die Passage auf der *Titanic* leisten zu können. Alles, was sie noch besaßen, passte in einen Koffer wie diesen.

Zitate

„Ich sage, dass ich mir keine Umstände vorstellen kann, die ein Schiff scheitern lassen könnten. Ich kann mir kein bedrohliches Unglück ausmalen, das diesem Schiff zustoßen könnte. Moderne Schiffsbaukunst hat diesen Punkt überwunden.“

Kapitän Edward John Smith im Jahr 1907

„Wir bauen Schiffe, damit sie schwimmen und nicht, damit sie gegen Eisberge oder Felsen stoßen. Leider machen sie das.“

Alexander Carlisle, bis 1910 Schiffbauingenieur bei Harland & Wolff, vor dem britischen Untersuchungsausschuss zum Untergang der *Titanic*

„Es ist mir unmöglich Ihnen mitzuteilen, wie plötzlich das alles war, wie unerwartet. Dass dieser Monster-Liner, der größte von allen und – bei weitem – der herrlichste, untergehen konnte, ist unfassbar.“

Antoinette Flegenheim, überlebende Erste-Klasse-Passagierin

„Nur ein paar Boote mehr, noch ein paar Holzbretter, die man für wenig Geld zusammennageln konnte – und all die Männer und Frauen, deren Verlust sich die Welt so schlecht leisten kann, wären heute bei uns.“

Lawrence Beesley, überlebender Zweite-Klasse-Passagier

„Titanic ist genau der Film, den ich machen wollte: Fünf Minuten große, computergestützte Spezialeffekte am Ende und drei Stunden mit Frauen, die doofe Hüte tragen und über ihr Leben reden.“

Regisseur James Cameron in einem Interview 1998